小学校入試対策問題集 キリトリ式

パーフェクト 基本問題 1

「パーフェクト基本問題　1」　目次

Contents

◎ この本は小学校入試のペーパー問題で、よく出題されている分野をまとめています。
全国国公立・私立小学校受験に向けての準備にご活用ください。

◎ 本書はキリトリ式になっています。

◎ ▲のついている方向を上にしてご使用ください。

◎ 問題文は、実際に入試で出題された「問い」を参考にしています。問題が理解できないときは、
言葉を言い換えて説明してください。

▶問題 01　(P25)

積み木の数だけ、□の中に○を書きましょう。

解答

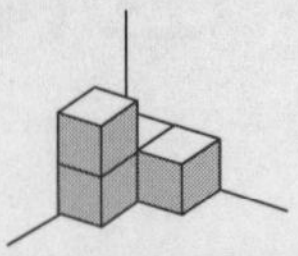

○○○○

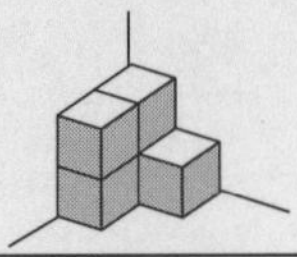

○○○○○

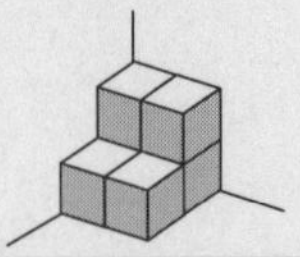

○○○○○○

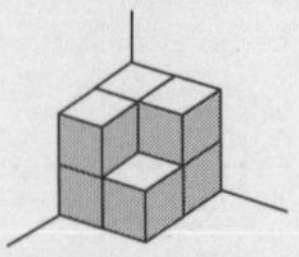

○○○○○
○○

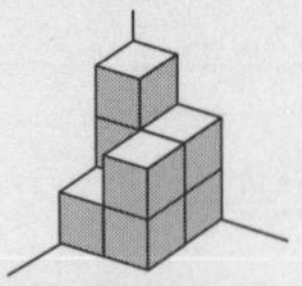

○○○○○
○○○

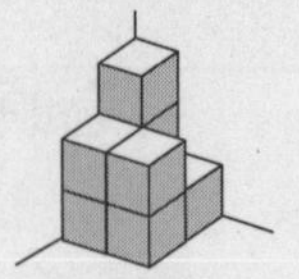

○○○○○
○○○

▶問題 02　(P26)

積み木の数だけ、□の中に○を書きましょう。

解答

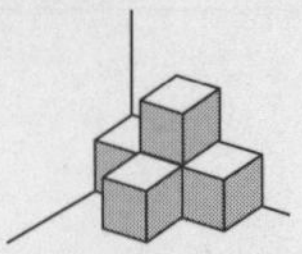

○○○○○

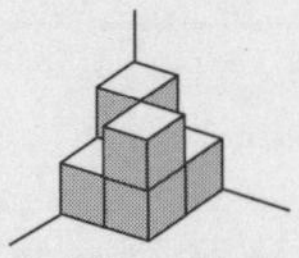

○○○○○○

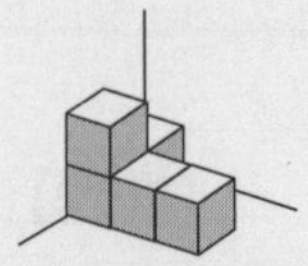

○○○○○

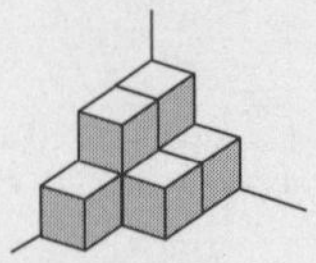

○○○○○
○○

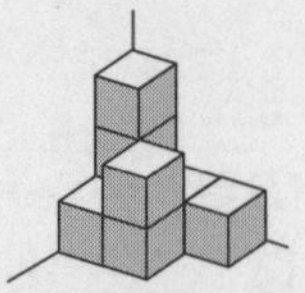

○○○○○
○○○

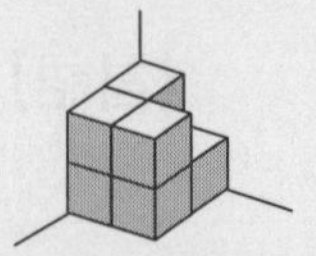

○○○○○
○○

▶問題 03　(P27)

左のサイコロの目の数を合わせたものと、同じ数の積み木を選んで○をつけましょう。

解答

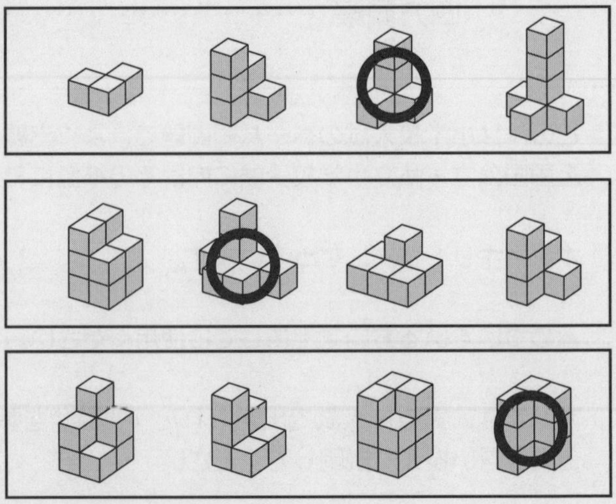

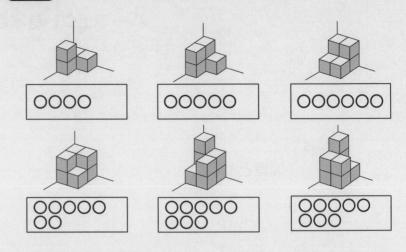

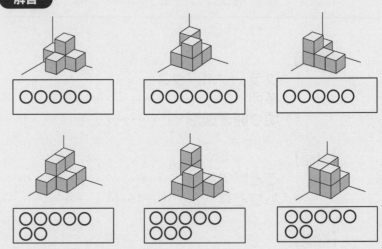

▶問題 04　(P28)

左の□の中に、いろいろな形や絵があります。それぞれいくつありますか。その数だけ右の□の中に○を書きましょう。

解答

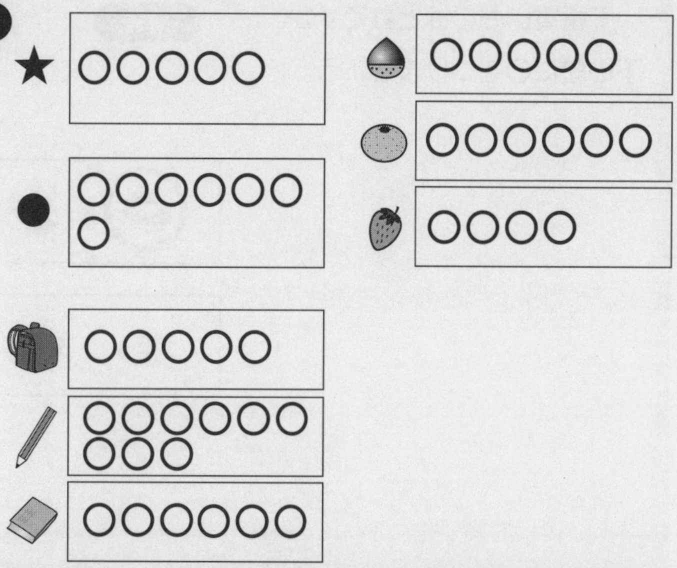

▶問題 05　(P29)

それぞれの動物を数えて、その数だけ□の中に○を書きましょう。

解答

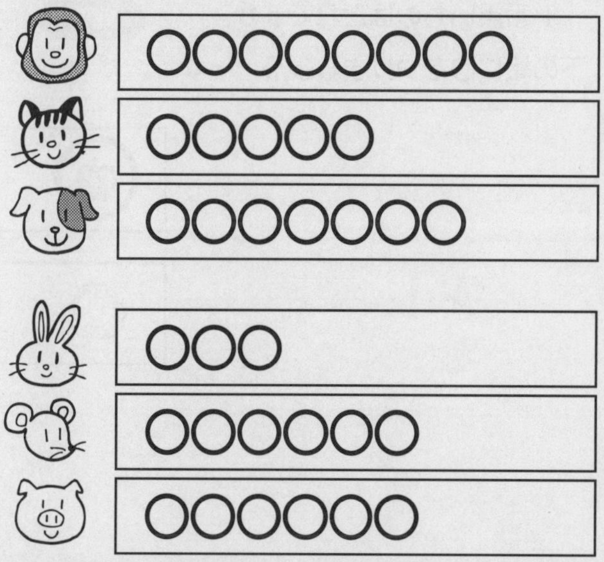

▶問題 06　(P30)

折り紙を絵のように重ねて、点線のところをハサミで切りました。折り紙は何枚になりますか。その数だけ○を書きましょう。

解答

○○○○○○

○○○○○○○○

○○○○○○○○○

▶問題 07　(P31)

１番重いものはどれですか。
下の絵に○をつけましょう。

解答

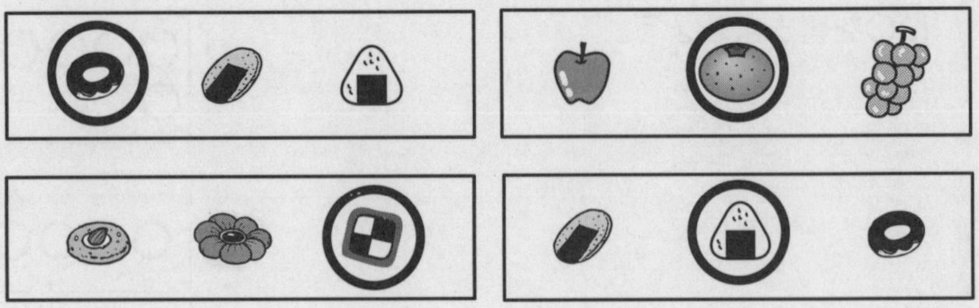

▶問題 08　(P32)

１番重いものはどれですか。
下の絵に○をつけましょう。

解答

▶問題 09　(P33)

動物たちがクマさんとシーソーに乗ると、絵のようになりました。□の中の３匹のうち、１番重い動物に○をつけましょう。

解答

▶問題 10　(P34)

絵のように釣り合っているとき、１番重いものはどれですか。○をつけましょう。

解答

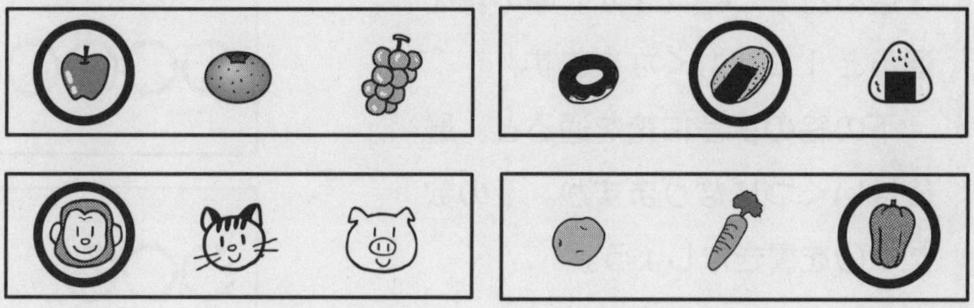

▶問題 11　(P35)

１番重いものはどれですか。下の絵に○をつけましょう。

解答

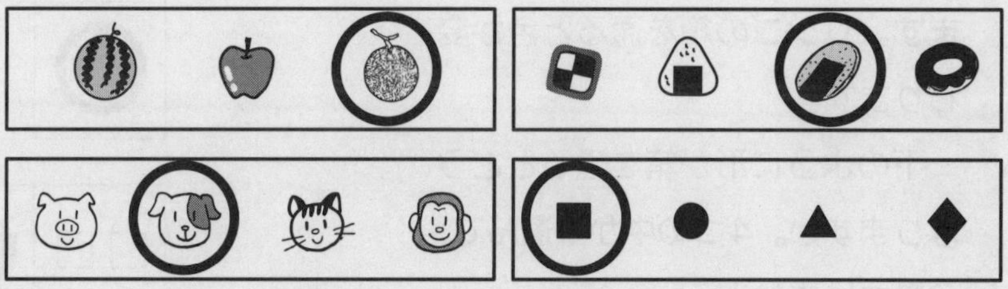

▶問題 12　(P36)

はかりが絵のようになっています。

①それぞれ２番目に重いものを、下から選んでに○をつけましょう。

②それぞれ２番目に軽いものを、下から選んで△をつけましょう。

解答

▶問題 13　(P37)

上の□の絵のように、★の箱を通ると数が１つ増えます。▲の箱を通ると２つ増えます。●の箱を通ると１つ少なくなります。

下の絵のように箱を通ると、最後はいくつになりますか。その数だけ○を書きましょう。

解答

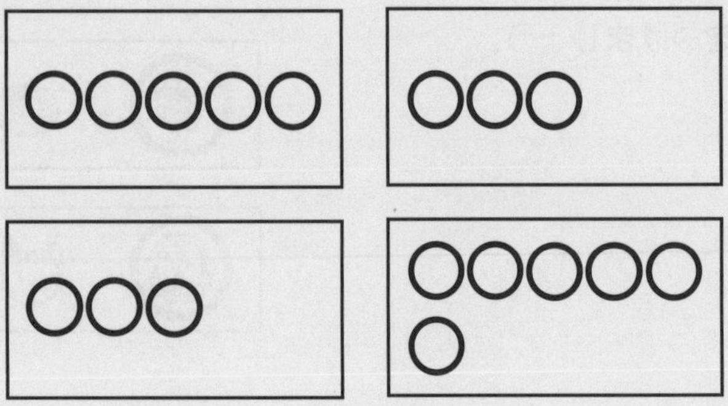

▶問題 14　(P38)

上の□の絵のように、イチゴの箱を通ると数が１つ増えます。栗の箱を通ると数が１つ少なくなります。リンゴの箱を通ると色が変わります。

下のように形が箱を通るとどうなりますか。４つの中から選んで、○をつけましょう。

解答

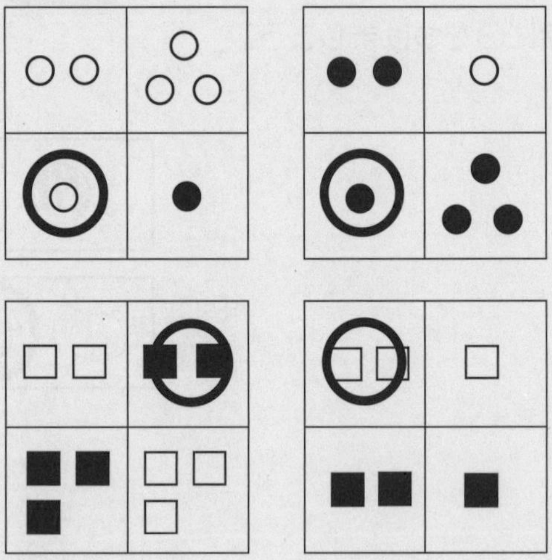

▶問題 15　(P39)

上の□の絵のように、ネコの箱を通ると数が２つ増えます。リスの箱を通ると数が１つ少なくなります。キツネの箱を通ると色が変わります。

下のように形が箱を通るとどうなりますか。４つの中から選んで、○をつけましょう。

解答

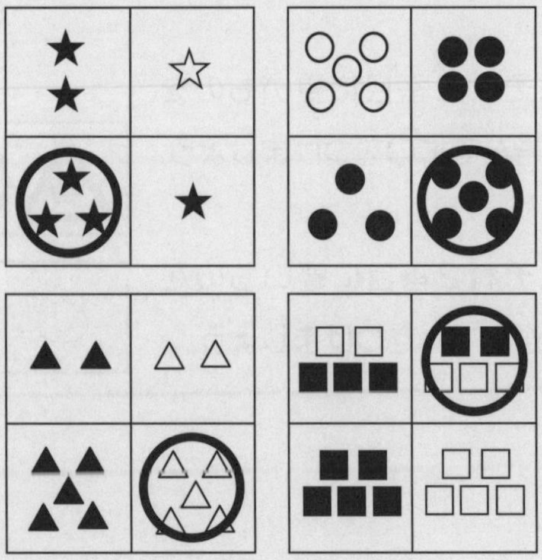

▶問題 16　(P40)

上の□の絵を見てください。箱を通るとこのように変わります。お約束をよく考えて、下の問題をやりましょう。

○は最後にどうなりますか。□の中に書きましょう。

解答

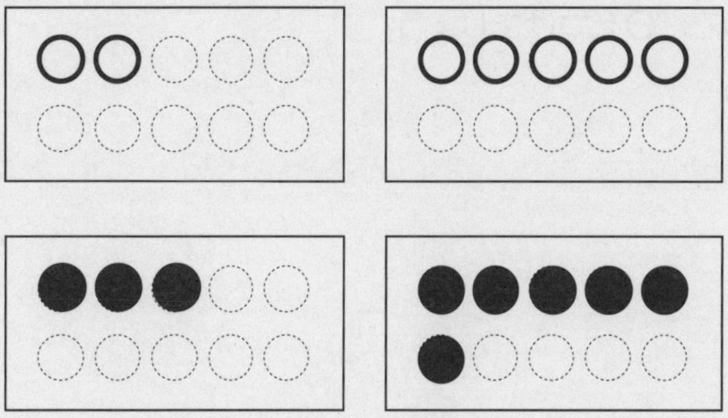

▶問題 17　(P41)

上の□の絵を見てください。箱を通るとこのように変わります。お約束をよく考えて、下の問題をやりましょう。

○は最後にどうなりますか。□の中に書きましょう。

解答

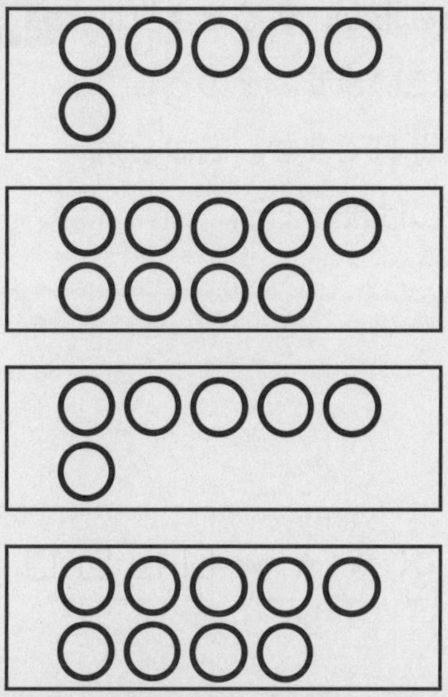

▶問題 18　(P42)

上の□の絵を見てください。箱を通るとこのように変わります。お約束をよく考えて、下の問題をやりましょう。

○、●は最後にどうなりますか。□の中に書きましょう。

解答

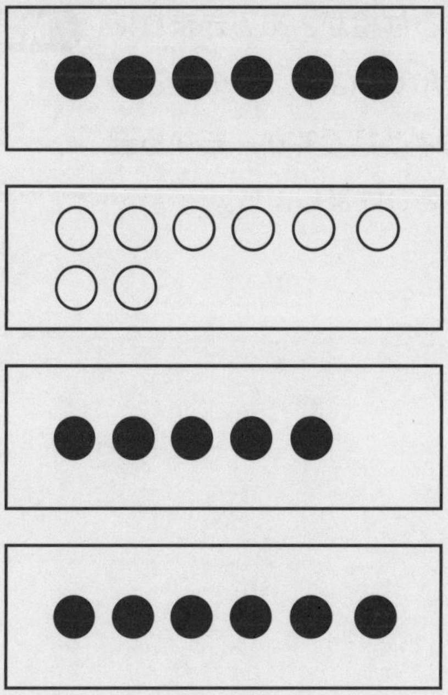

▶問題 19 (P43)

いろいろな形が、あるきまりによって並んでいます。？のところに入る形はどれですか。右から選んで、○をつけましょう。

解答

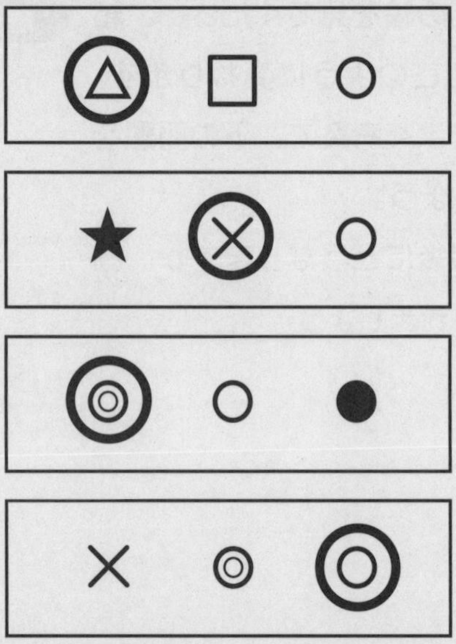

▶問題 20 (P44)

いろいろな形が、あるきまりによって並んでいます。？のところに入る形はどれですか。右から選んで、○をつけましょう。

解答

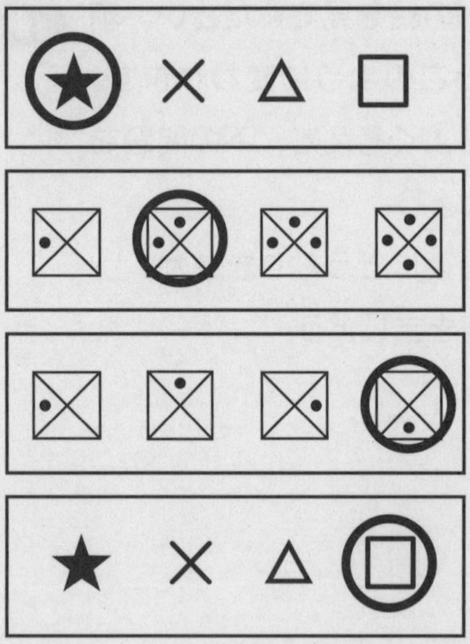

(解説)

△　××　★★★　□□□□

1　2　3　4

▶問題 21 (P45)

いろいろな絵が、あるきまりによって並んでいます。？のところに入る絵はどれですか。右から選んで、○をつけましょう。

解答

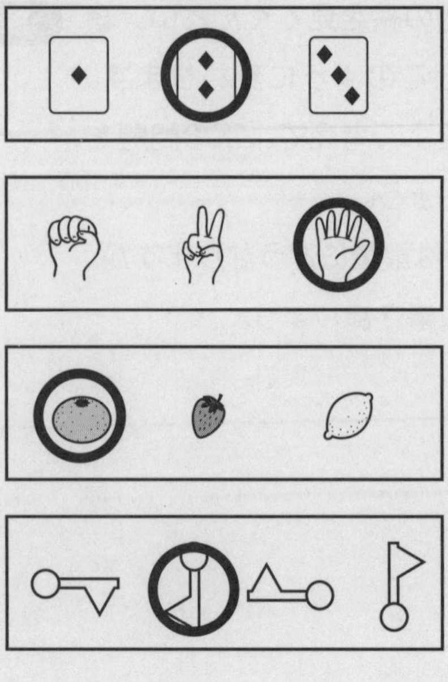

▶問題 22　(P46)

いろいろな形が、あるきまりによって並んでいます。？のところに入る形はどれですか。右から選んで○をつけましょう。

（解説）

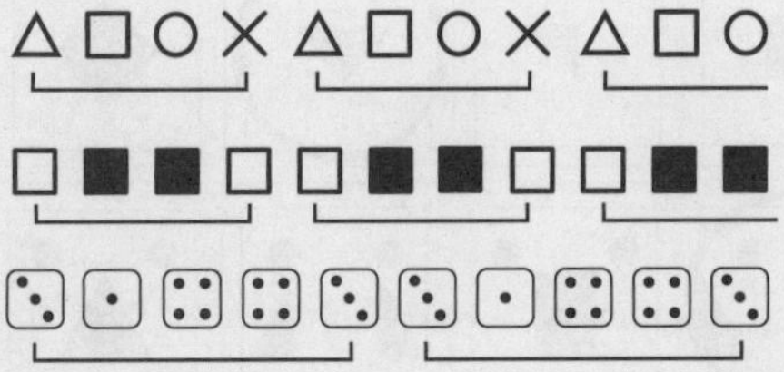

解答

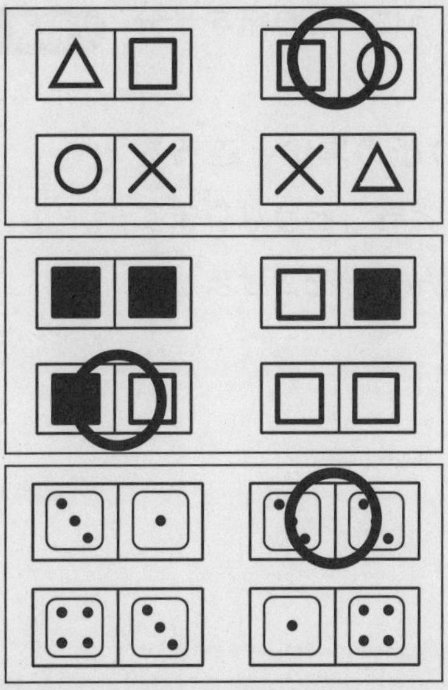

▶問題 23　(P47)

あるきまりによって、形や印が動きます。

？のところに入る形はどれですか。右から選んで○をつけましょう。

解答

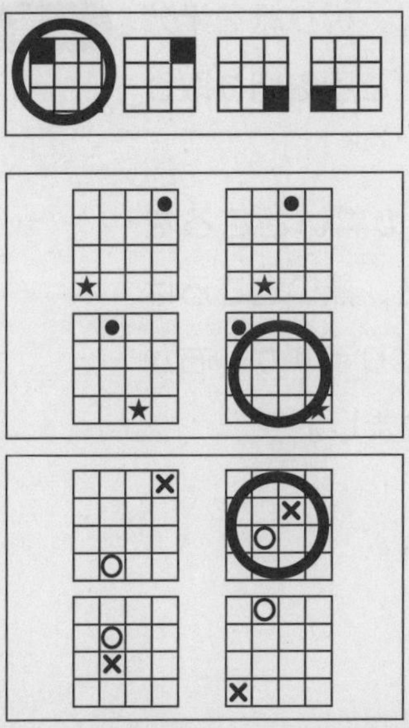

（解説）

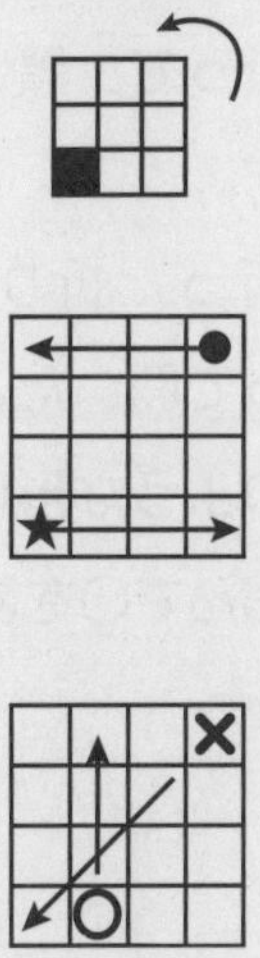

▶問題 24　(P48)

あるきまりによって、形や印が動きます。

最後はどうなりますか。マス目の中に書きましょう。

解答

（解説）

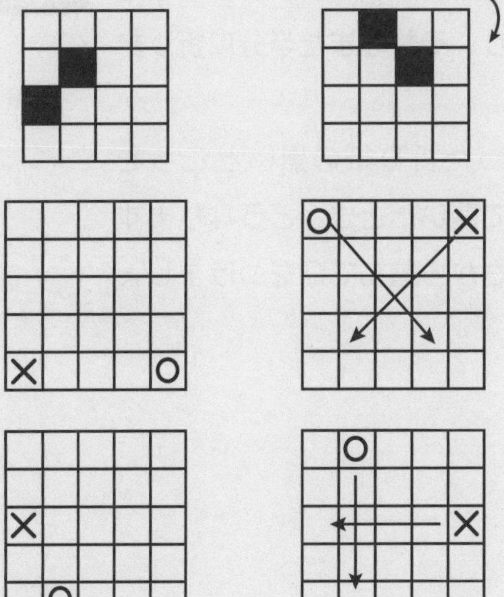

▶問題 25　(P49)

上の絵のように、折り紙を半分に折ります。

折った折り紙の黒いところを切って開いたとき、どうなりますか。右から選んで○をつけましょう。

解答

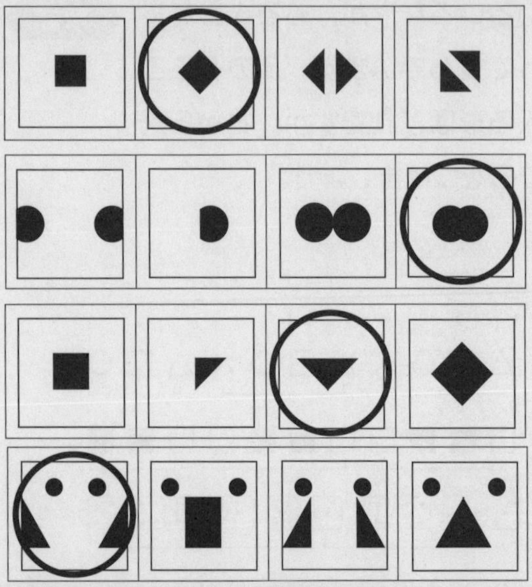

▶問題 26　(P50)

上の絵のように、折り紙を半分に折って、黒いところを切り取ります。

折った折り紙の黒いところを切って開いたとき、黒いところはどのような形になりますか。右から選んで○を書きましょう。

解答

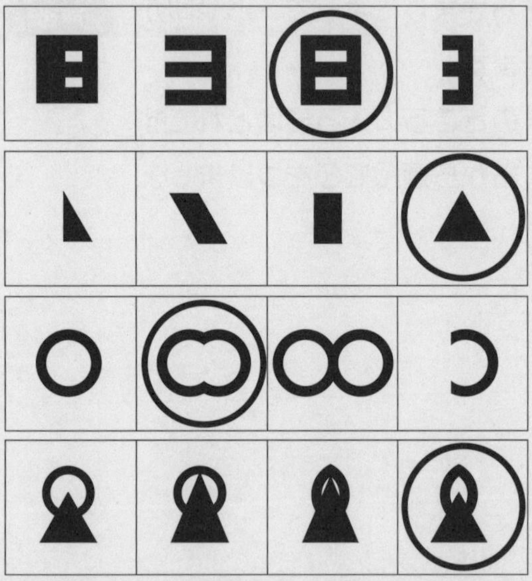

▶問題 27　(P51)

上の絵のように、折り紙を半分に折り、それをまた半分に折ります。

折った折り紙の黒いところを切って開いたとき、どうなりますか。右から選んで○をつけましょう。

解答

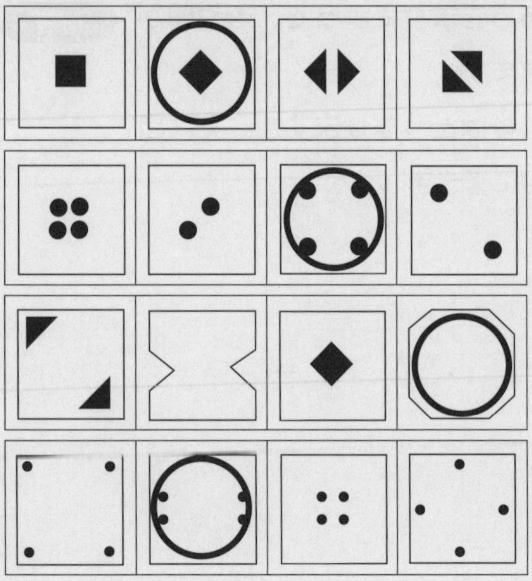

▶問題 28　(P52)

上の絵のように、折り紙を半分に折り、それをまた半分に折ります。

折った折り紙の黒いところを切って開いたとき、どうなりますか。右から選んで○をつけましょう。

解答

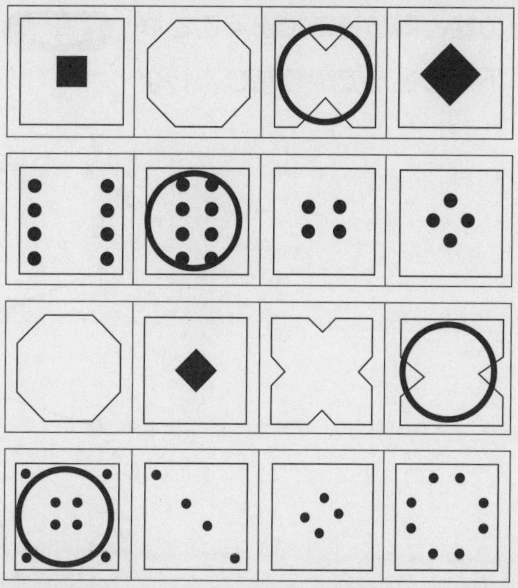

▶問題 29　(P53)

左の絵のように、折り紙を半分に折ります。

折った折り紙の黒いところを切って開いたとき、どうなりますか。右から選んで○をつけましょう。

解答

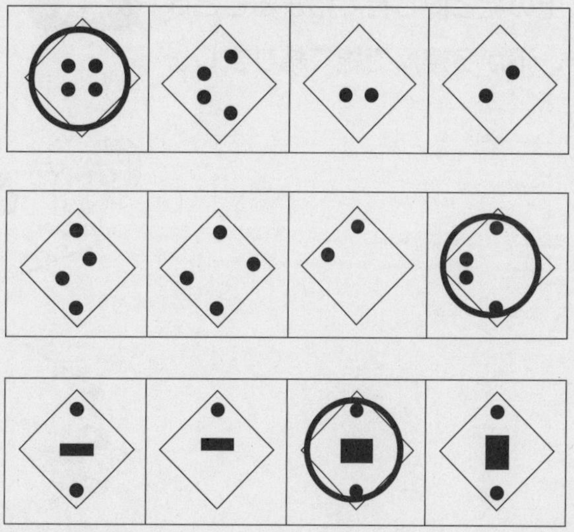

▶問題 30　(P54)

左の絵のように、折り紙を半分に折り、それをまた半分に折ります。

折った折り紙の黒いところを切って開いたとき、どうなりますか。右から選んで○をつけましょう。

解答

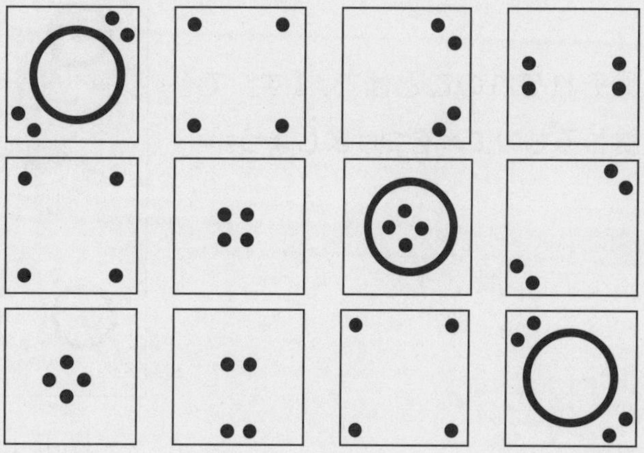

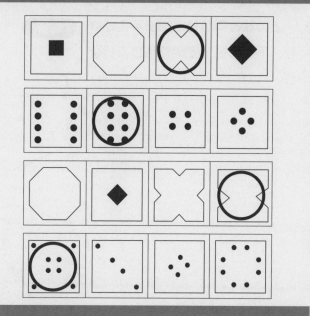

▶問題 31　(P55)

上の絵と同じ音で始まることばを、下から選んで線で結びましょう。

解答

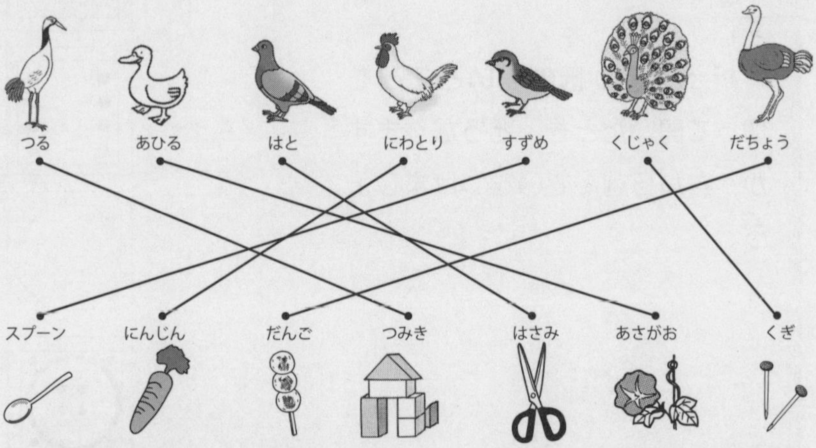

▶問題 32　(P56)

上の絵と同じ音で始まることばを、下から選んで線で結びましょう。

解答

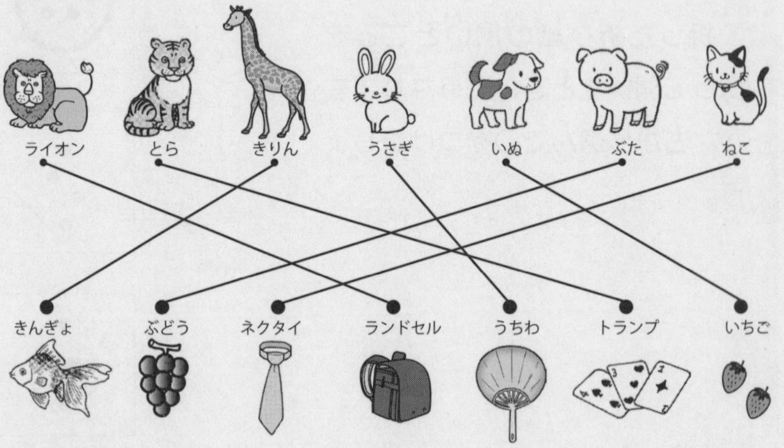

▶問題 33　(P57)

①それぞれのことばで、「か」で終わるものに○をつけましょう。

②それぞれのことばで、「す」で終わるものに×をつけましょう。

解答

「か」　いるか、いか、すいか、ハーモニカ

「す」　からす、いす、コスモス、なす、たんす

▶問題 34　(P58)

上の絵と同じ音で終わることばを、下から選んで線で結びましょう。

解答

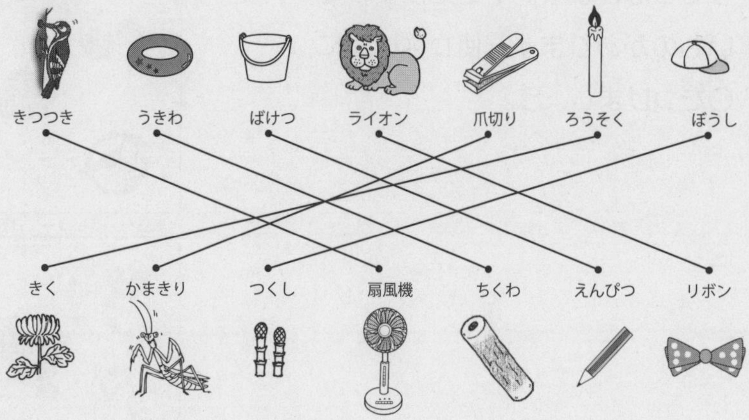

▶問題 35　(P59)

上の絵と下の絵のことばの、2番目の音が同じものを選んで、線で結びましょう。

解答

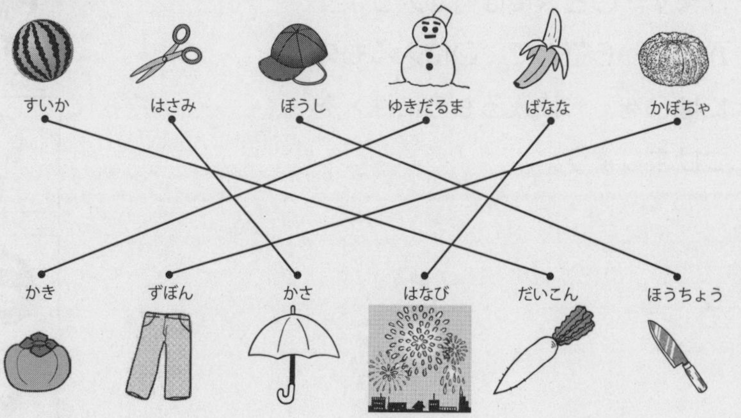

▶問題 36　(P60)

上の絵と下の絵のことばの、2番目の音が同じものを選んで、線で結びましょう。

解答

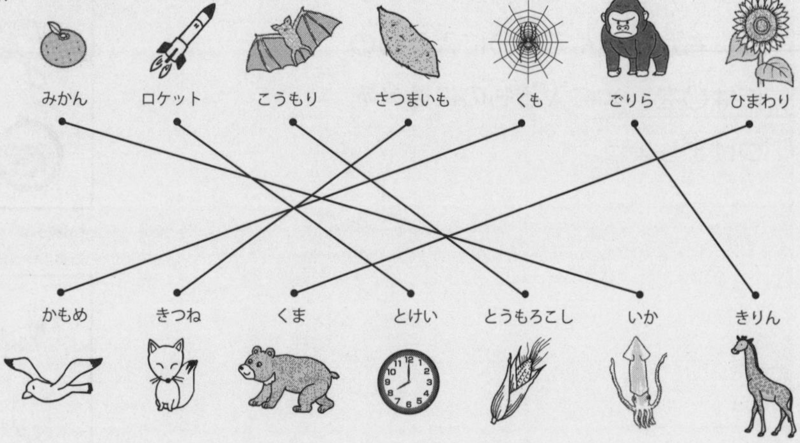

▶問題 37　(P61)

□の中の絵を４つ使ってしりとりでつなげます。１つだけ使わないものがあります。使わない絵に○をつけましょう。

解答

いす→　すいか→　かめら→　ランドセル

マスク→　くつ→　つくし→　しか

とら→　ラッコ→　コアラ→　らくだ

ひまわり→　りんご→　ごぼう→　うちわ

▶問題 38　(P62)

矢印のとおりにしりとりでつなげます。○と×には何が入りますか。右から選んで、○に入るものには○を、×に入るものには×をつけましょう。

解答

はと→　とうもろこし→　しまうま→　まくら

コスモス→　すすき→　きつつき→　きく

おうだんほどう→　うきわ→　わなげ→　げた

あさがお→　おにぎり→　りす→　ストーブ

▶問題 39　(P63)

矢印のとおりにしりとりでつなげます。○と×には何が入りますか。右から選んで、○に入るものには○を、×に入るものには×をつけましょう。

解答

つみき→　きって→　てんとうむし→　しいたけ→
けんだま→　マイク→　くじら→　らくだ

ゆきだるま→　まくら→　ラッパ→　パンダ→
だるま→　まないた→　たこ→　こま

▶問題 40　(P64)

〇の絵からはじめて、しりとりができるだけ長くつながるように、線で結びましょう。

解答

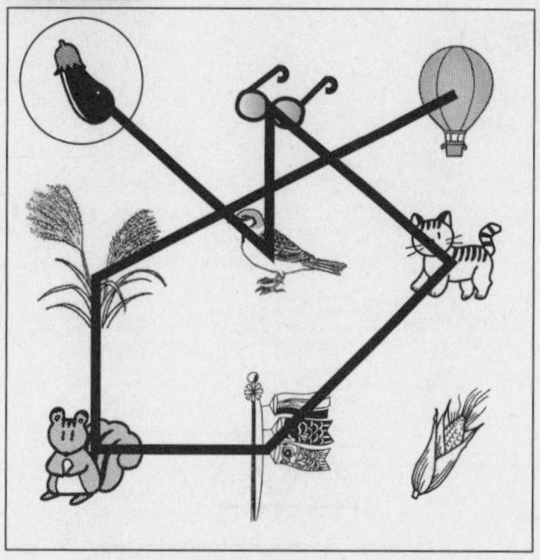

なす→すずめ→めがね→ねこ→
こいのぼり→りす→すすき→ききゅう
（あまり）とうもろこし

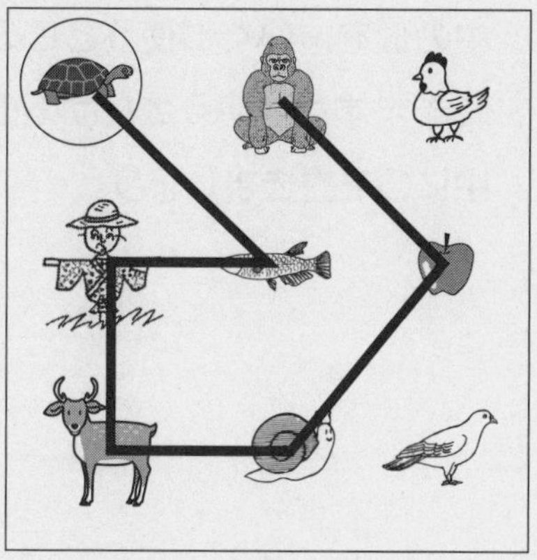

かめ→めだか→かかし→しか→
かたつむり→りんご→ごりら
（あまり）にわとり、はと

▶問題 41　(P65)

〇の絵からはじめて、しりとりができるだけ長くつながるように、線で結びましょう。

解答

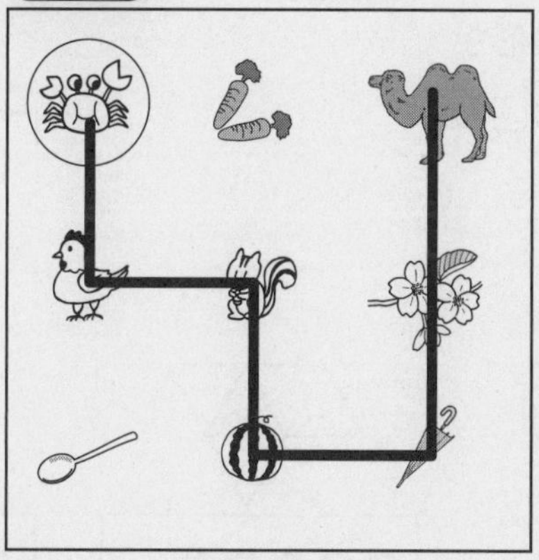

かに→にわとり→りす→すいか→かさ→
さくら→らくだ
（あまり）にんじん、スプーン

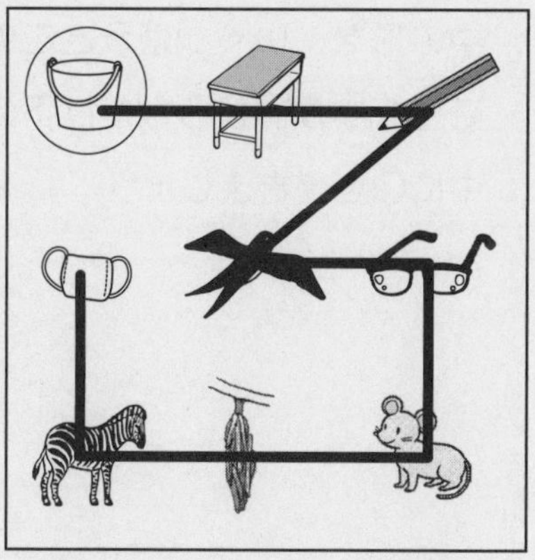

ばけつ→つくえ→えんぴつ→つばめ→
めがね→ねずみ→みのむし→しまうま→
マスク

▶問題 42　(P66)

〇の絵からはじめて、しりとりができるだけ長くつながるように、線で結びましょう。

解答

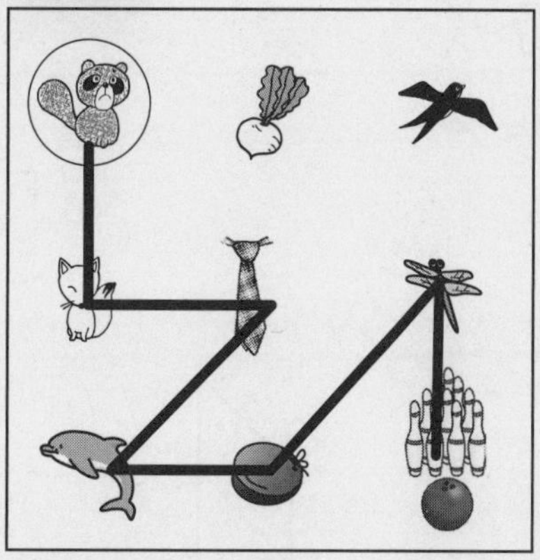

たぬき→きつね→ネクタイ→いるか→
カスタネット→とんぼ→ボウリング
（あまり）かぶ、つばめ

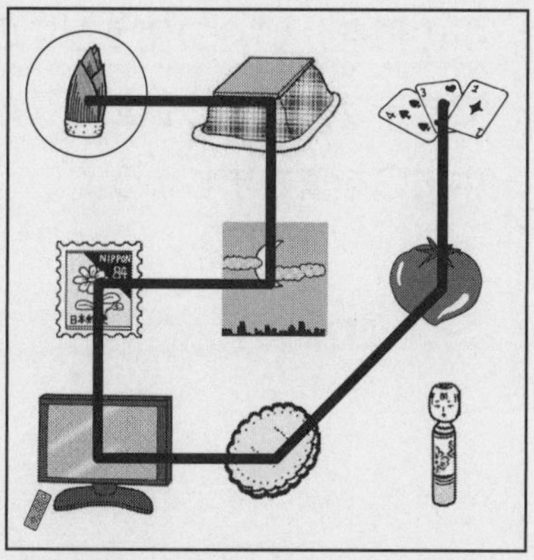

たけのこ→こたつ→つき→きって→
テレビ→ビスケット→トマト→トランプ
（あまり）こけし

▶問題 43　(P67)

いろいろな形があります。○の中の形を、いくつ使うとこの形ができますか。使う数だけ下の□の中に○を書きましょう。

解答

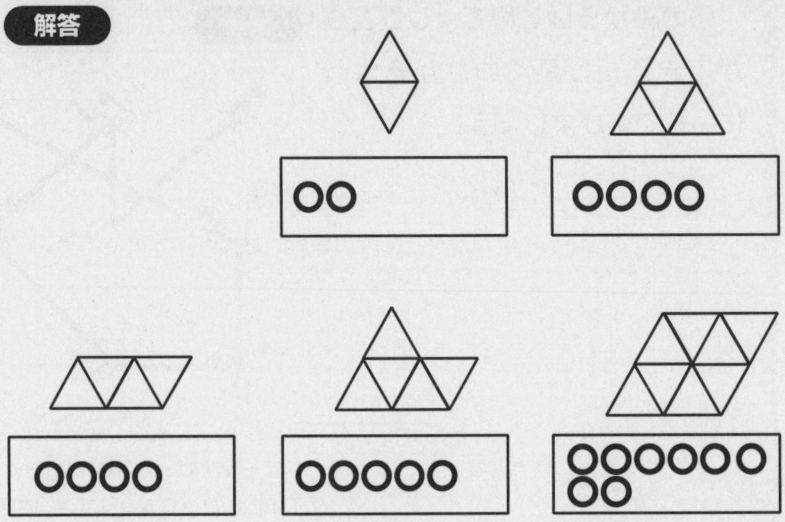

▶問題 44　(P68)

いろいろな形があります。○の中の形を、いくつ使うとこの形ができますか。使う数だけ下の□の中に○を書きましょう。

解答

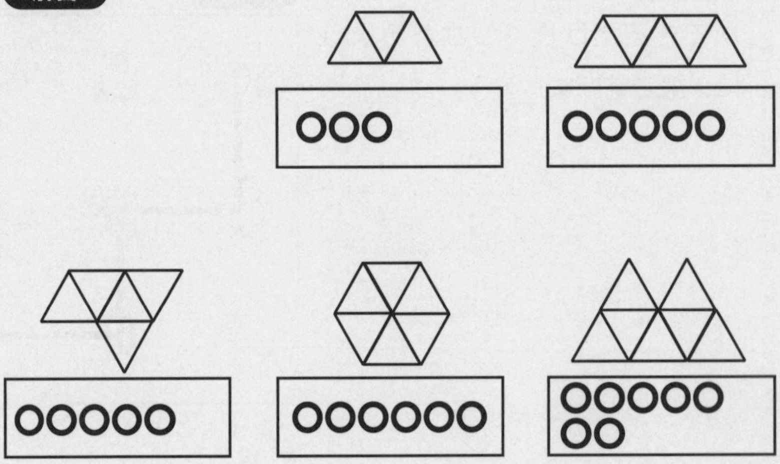

▶問題 45　(P69)

いろいろな形があります。○の中の形を、いくつ使うとこの形ができますか。使う数だけ下の□の中に○を書きましょう。

解答

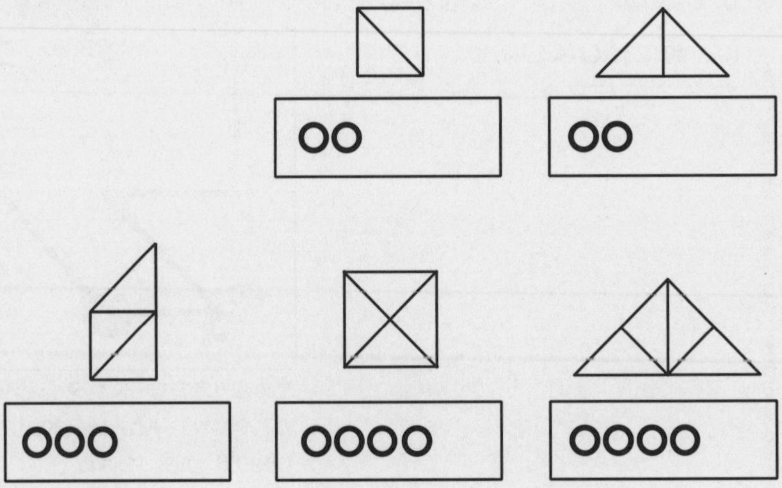

▶問題 46　(P70)

いろいろな形があります。○の中の形を、いくつ使うとこの形ができますか。使う数だけ下の□の中に○を書きましょう。

解答

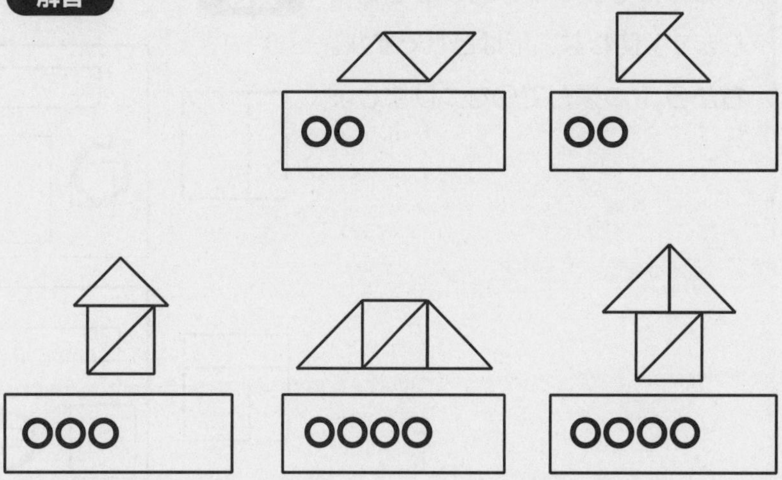

▶問題 47　(P71)

いろいろな形があります。○の中の形を、いくつ使うとこの形ができますか。使う数だけ下の□の中に○を書きましょう。

解答

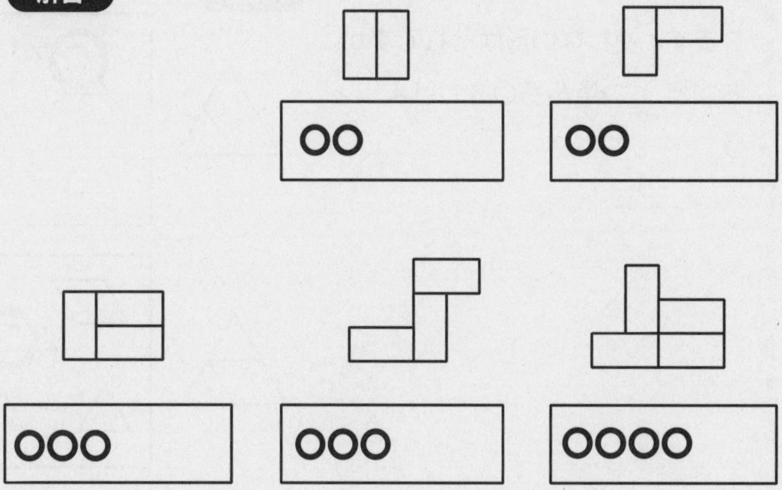

▶問題 48　(P72)

いろいろな形があります。○の中の形を、いくつ使うとこの形ができますか。使う数だけ下の□の中に○を書きましょう。

解答

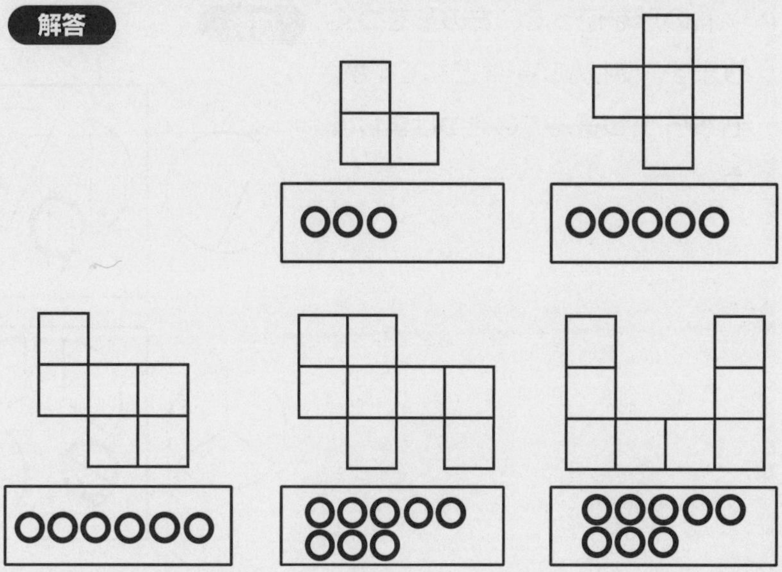

▶問題 49

(P73)

右の形を使って、左の形をつくります。使わない形はどれですか。右から 1 つ選んで○をつけましょう。

解答

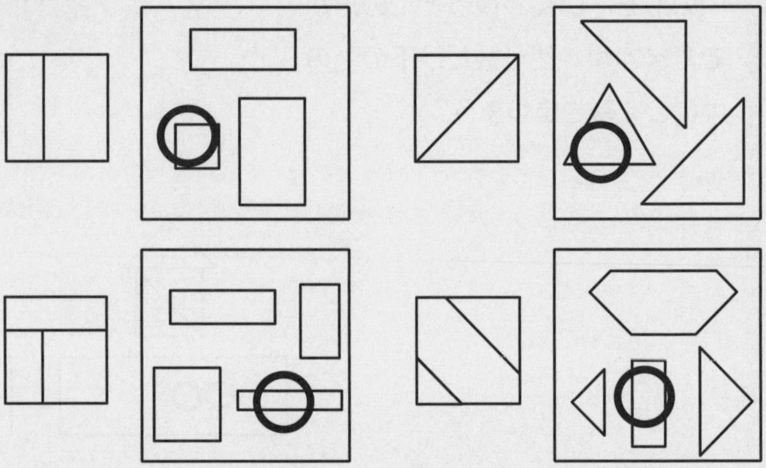

▶問題 50

(P74)

右の形を使って、左の形をつくります。使わない形はどれですか。右から 1 つ選んで○をつけましょう。

解答

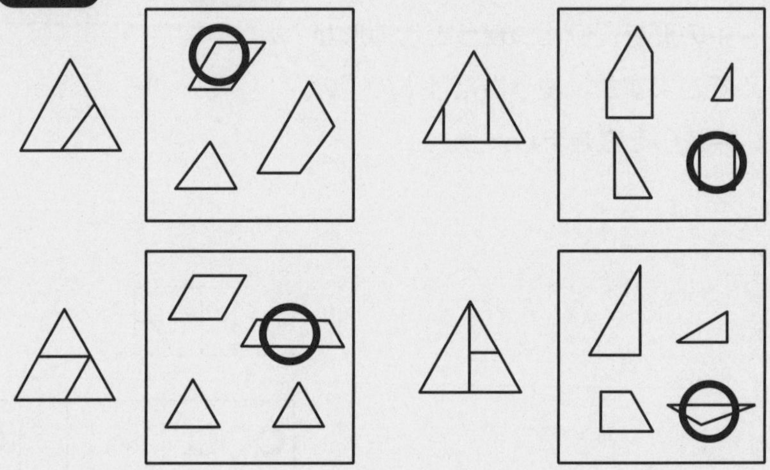

▶問題 51

(P75)

右の形を使って、左の形をつくります。使わない形はどれですか。右から 1 つ選んで○をつけましょう。

解答

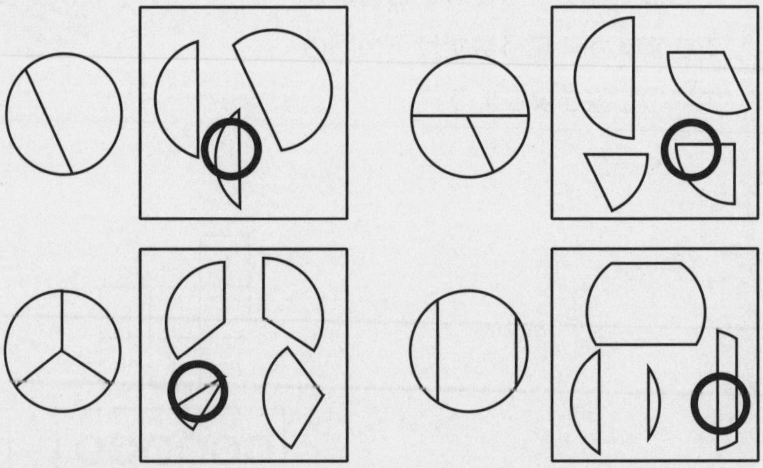

▶問題 52　(P76)

右の形を使って、左の形をつくります。使わない形はどれですか。右から 1 つ選んで○をつけましょう。

解答

▶問題 53　(P77)

右の形を使って、左の形をつくります。使わない形はどれですか。右から 1 つ選んで○をつけましょう。

解答

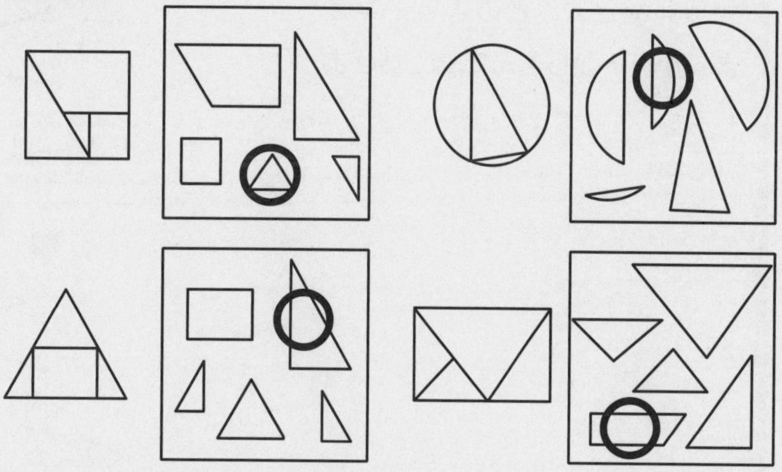

▶問題 54　(P78)

右の形を使って、左の形をつくります。使わない形はどれですか。右から 1 つ選んで○をつけましょう。

解答

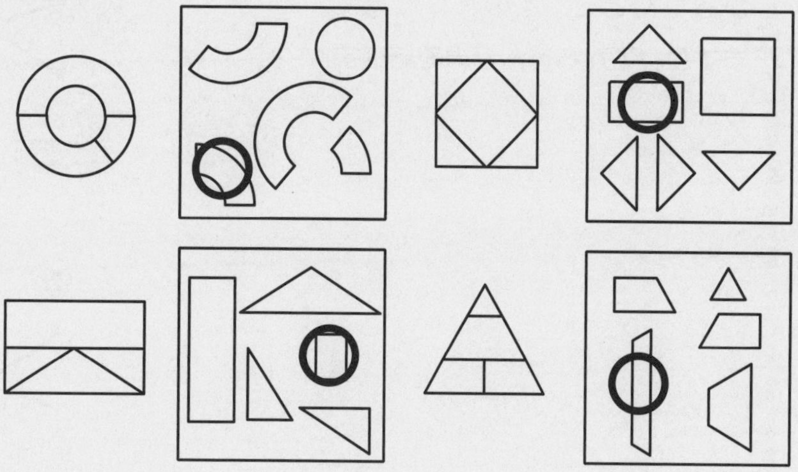

▶問題 55　(P79)

積み木を♥、♦、♣、♠の方向から見たとき、どのように見えますか。下から選んで線で結びましょう。

解答

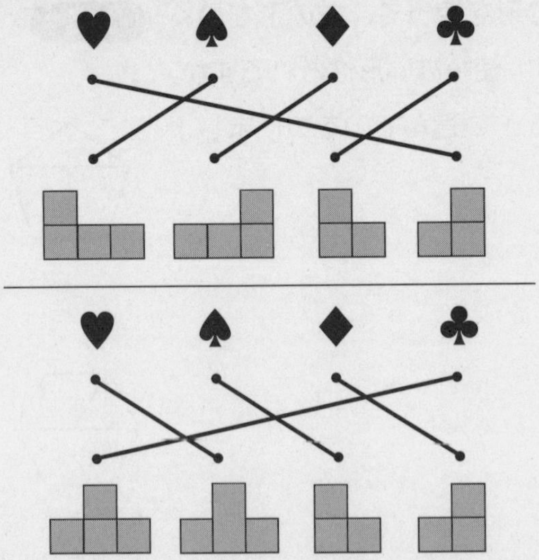

▶問題 56　(P80)

積み木を♥、♦、♣、♠の方向から見たとき、どのように見えますか。下から選んで線で結びましょう。

解答

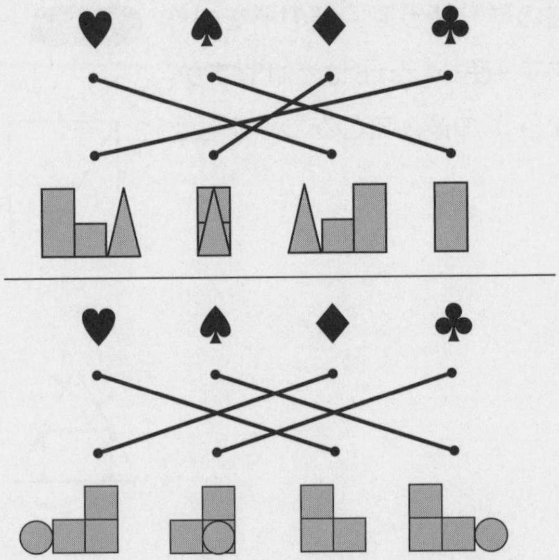

▶問題 57　(P81)

積み木を♥、♦、♣、♠の方向から見たとき、どのように見えますか。下から選んで線で結びましょう。

解答

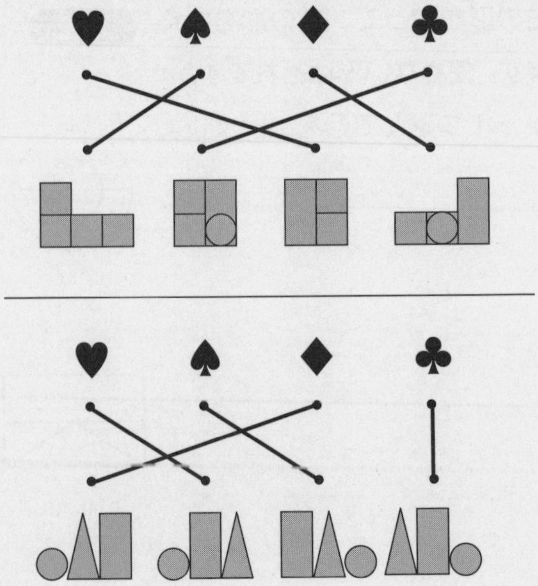

▶問題 58　(P82)

左の積み木を、上から見るとどのように見えますか。右から選んで○をつけましょう。

解答

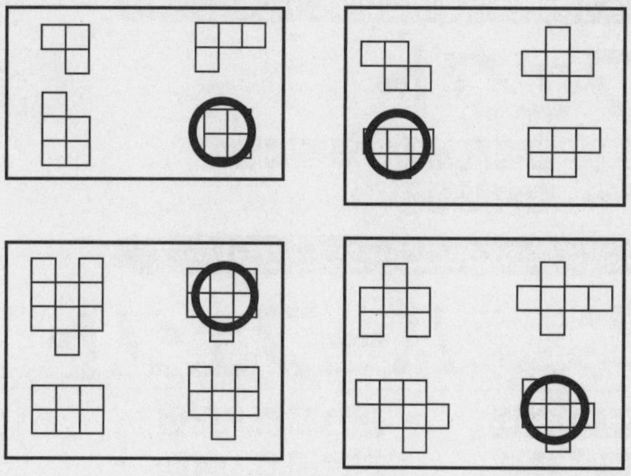

▶問題 59　(P83)

左の積み木を、上から見るとどのように見えますか。右から選んで○をつけましょう。

解答

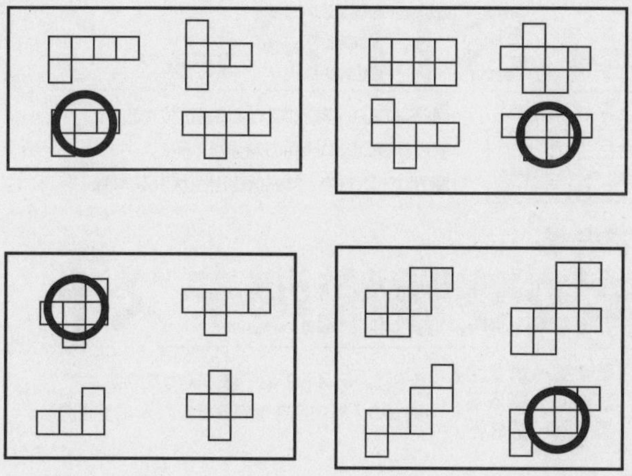

▶問題 60　(P84)

左の積み木を、上から見るとどのように見えますか。右から選んで○をつけましょう。

解答

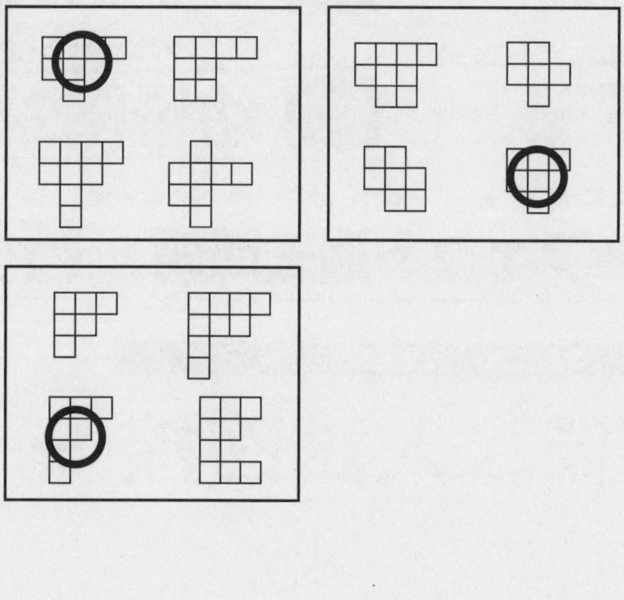

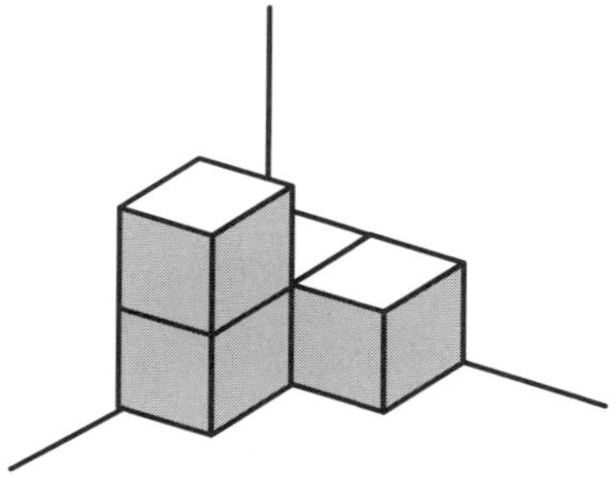

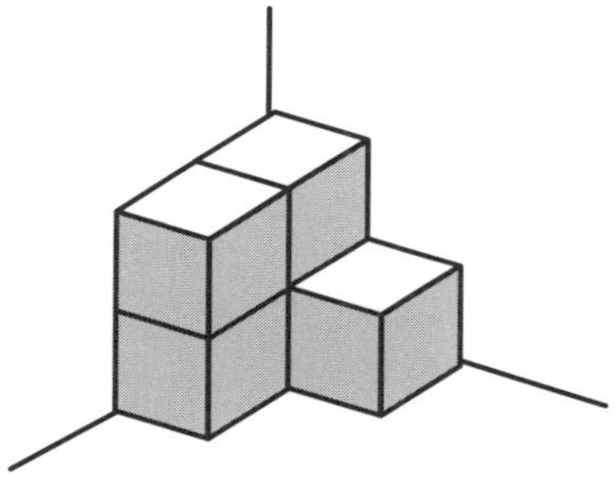

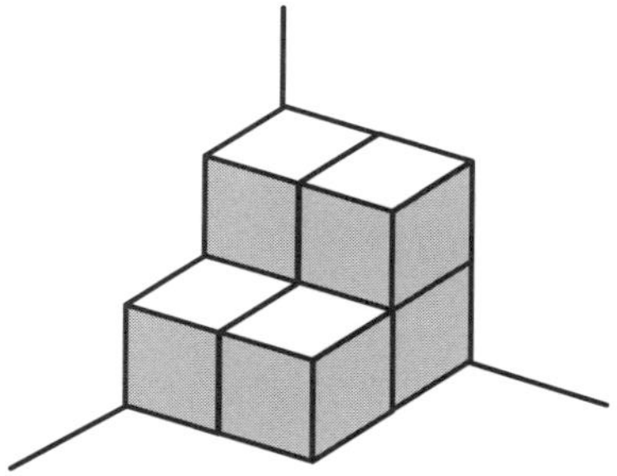

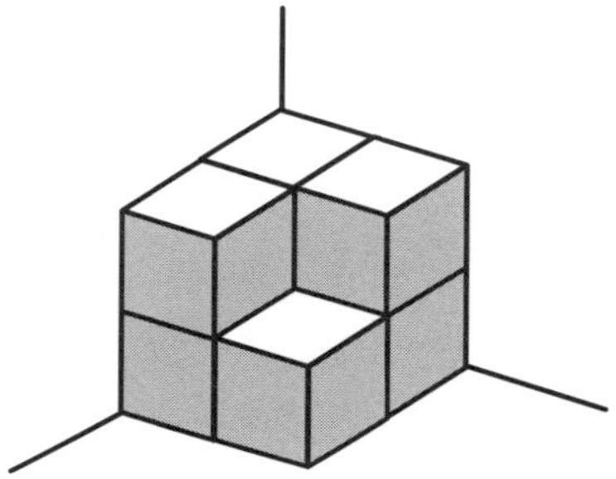

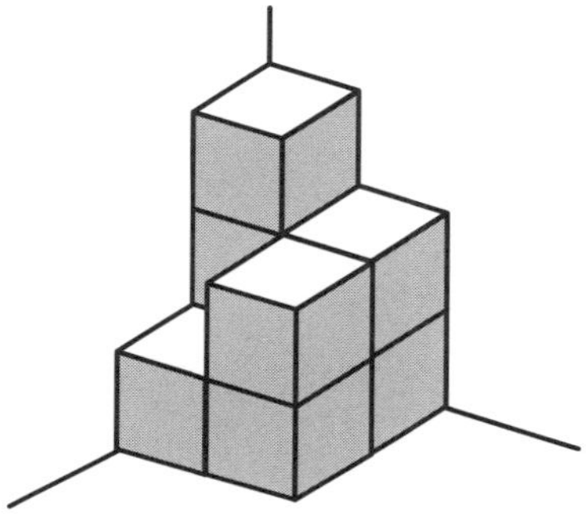

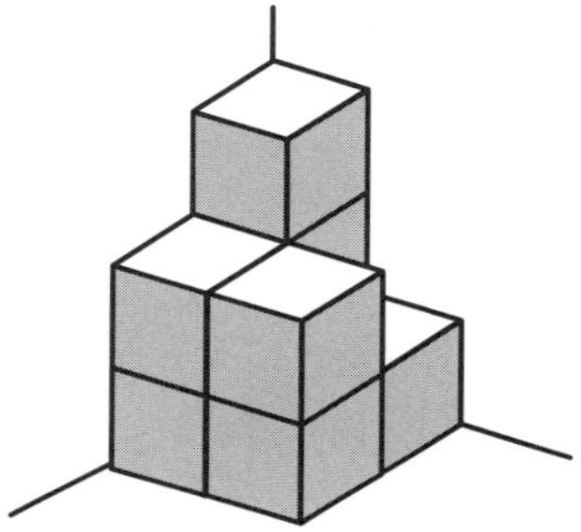

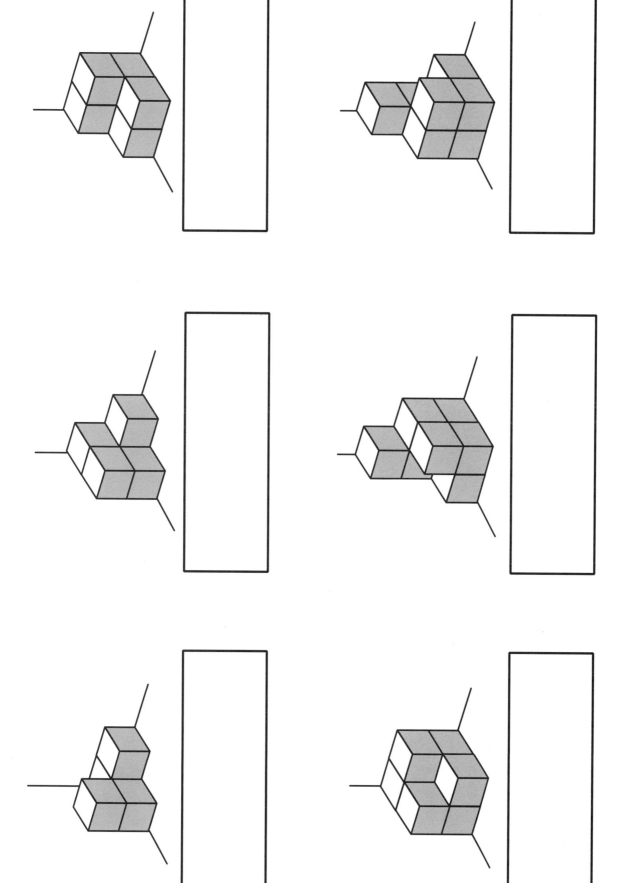

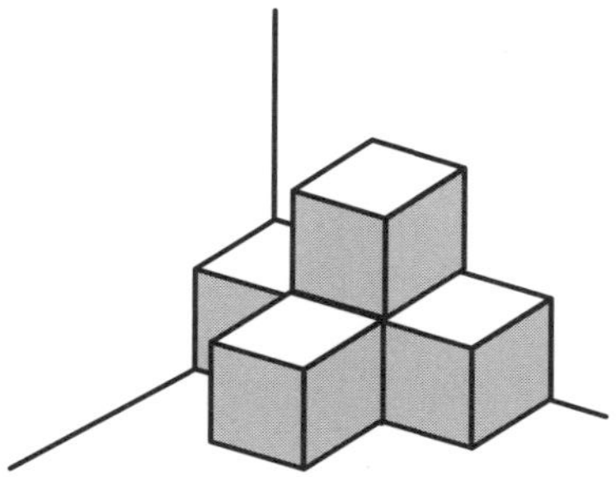

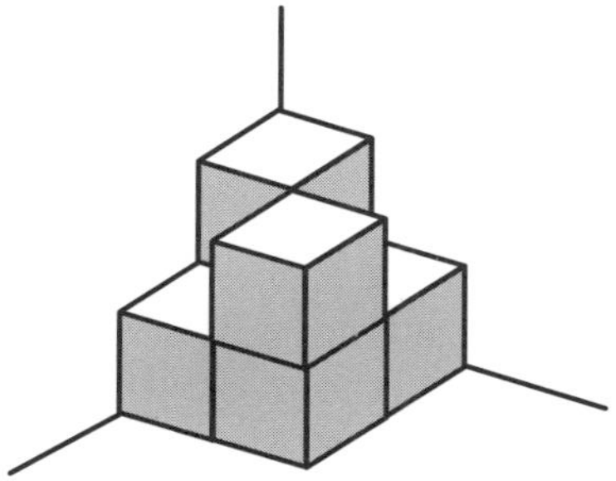

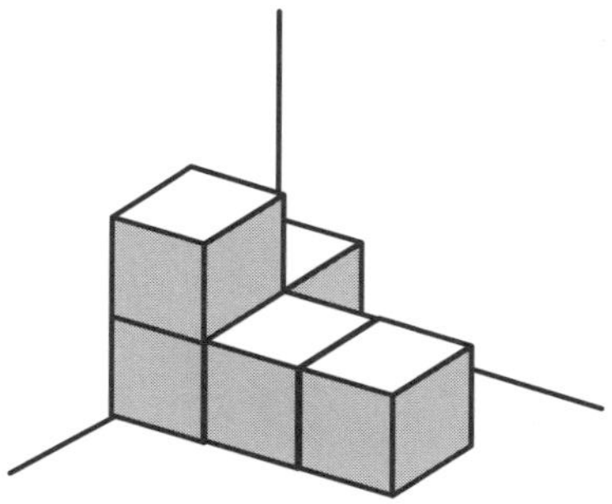

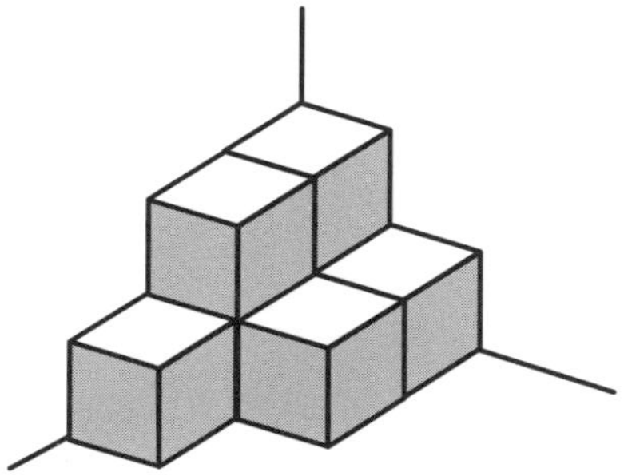

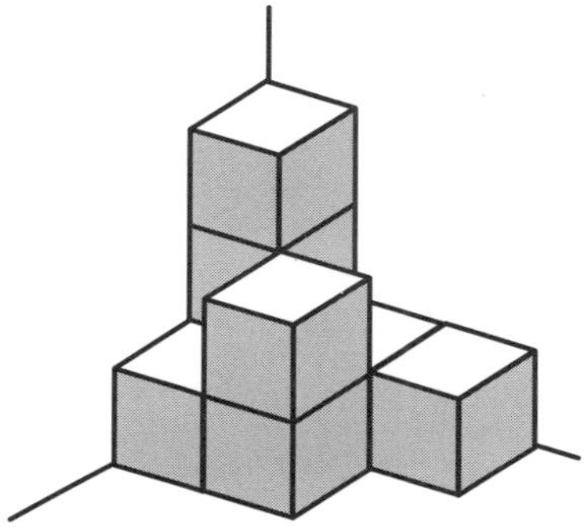

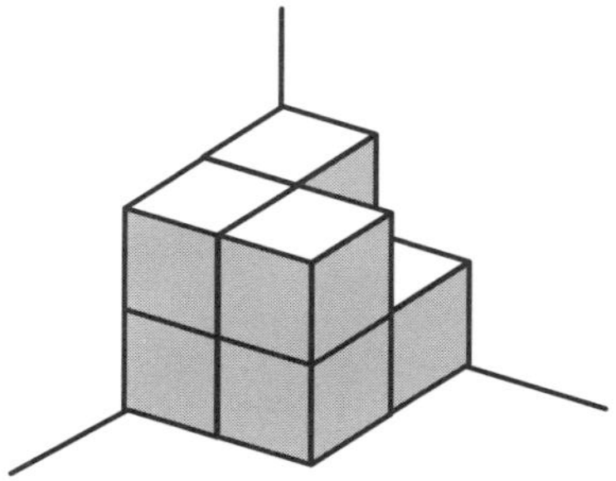

問題 02

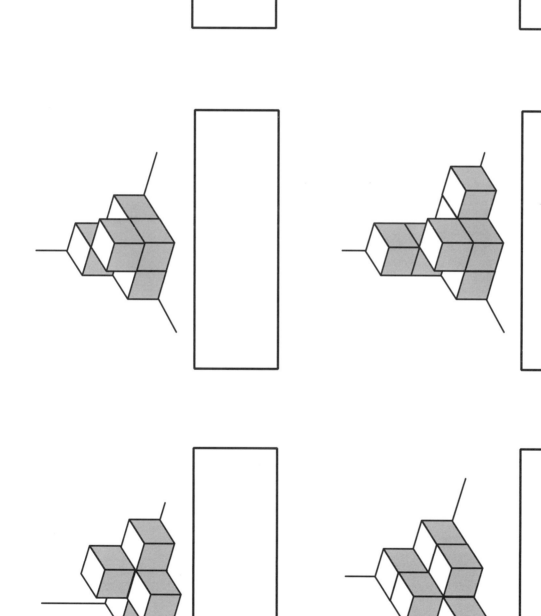

キリトリ線

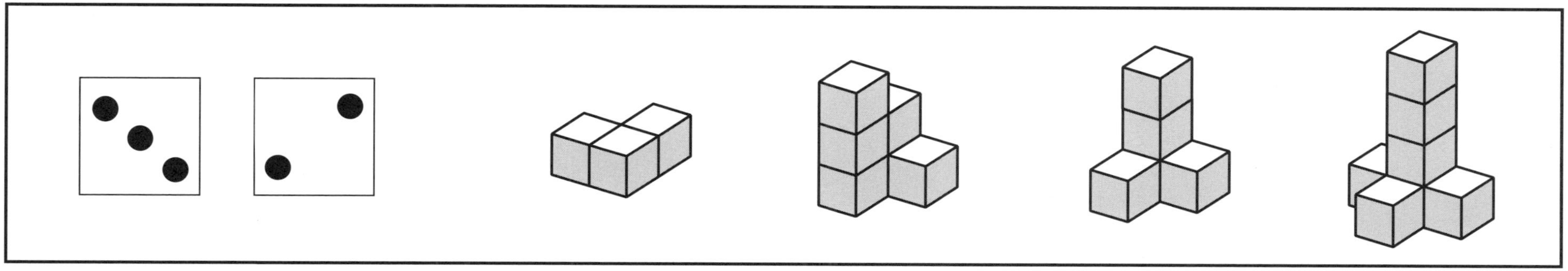

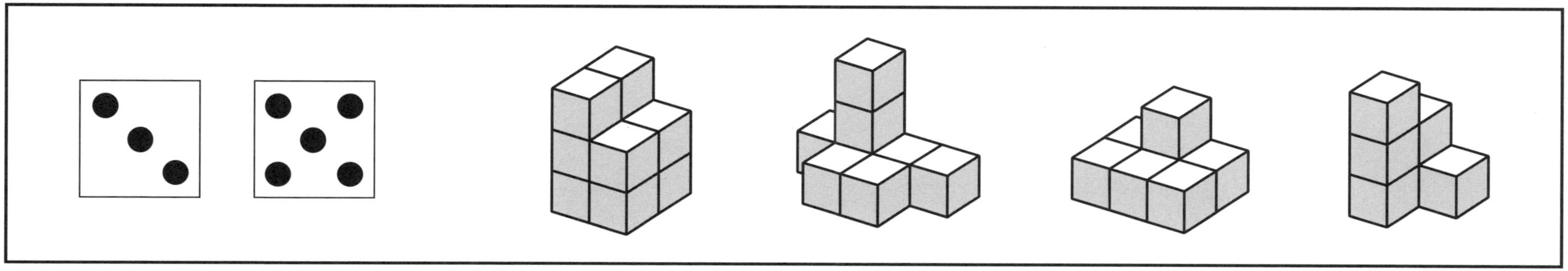

問題 03

問題 04

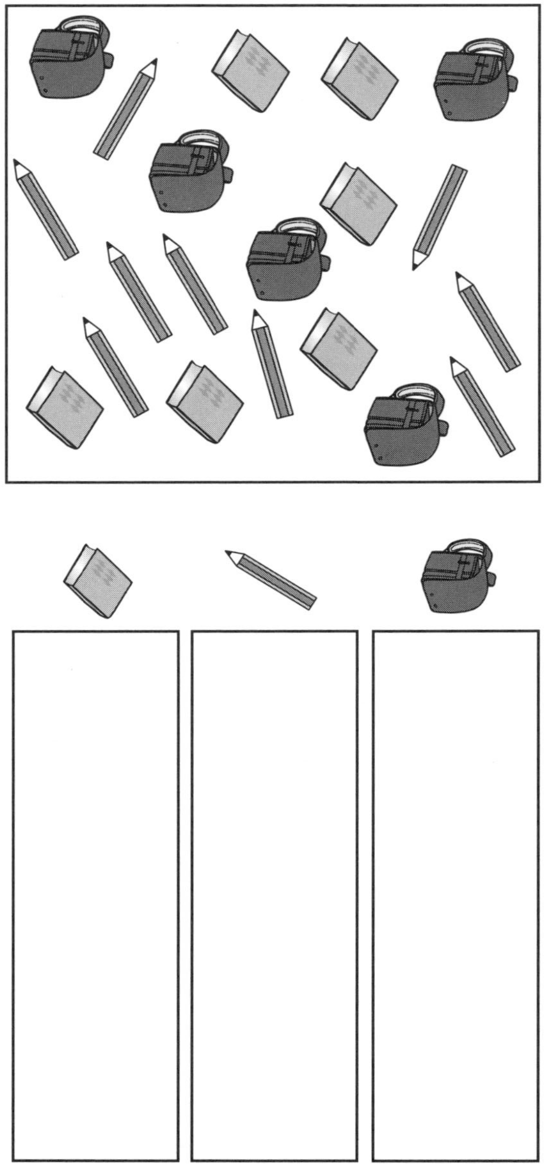

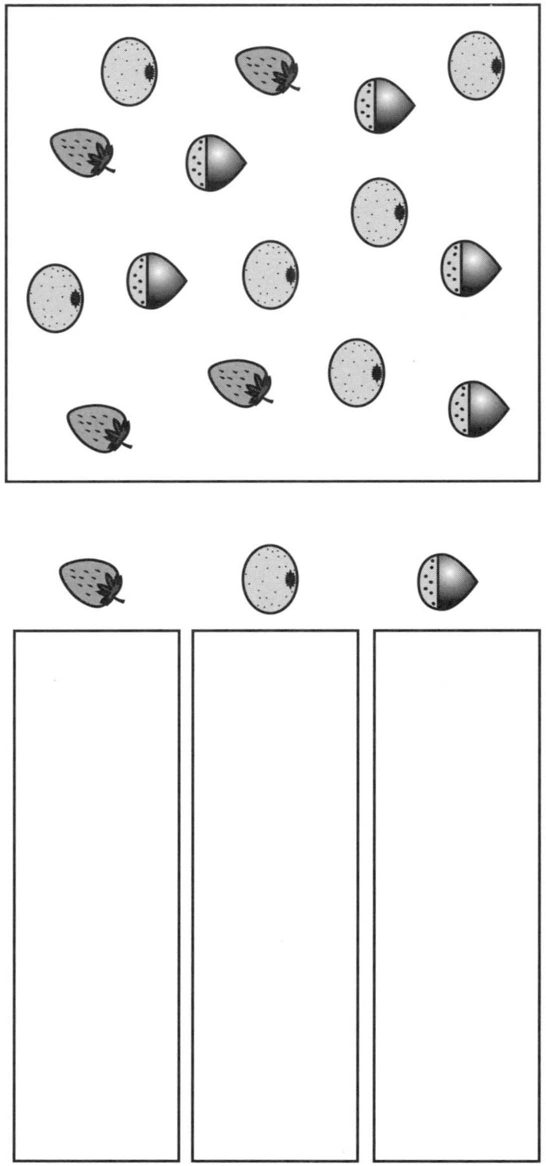

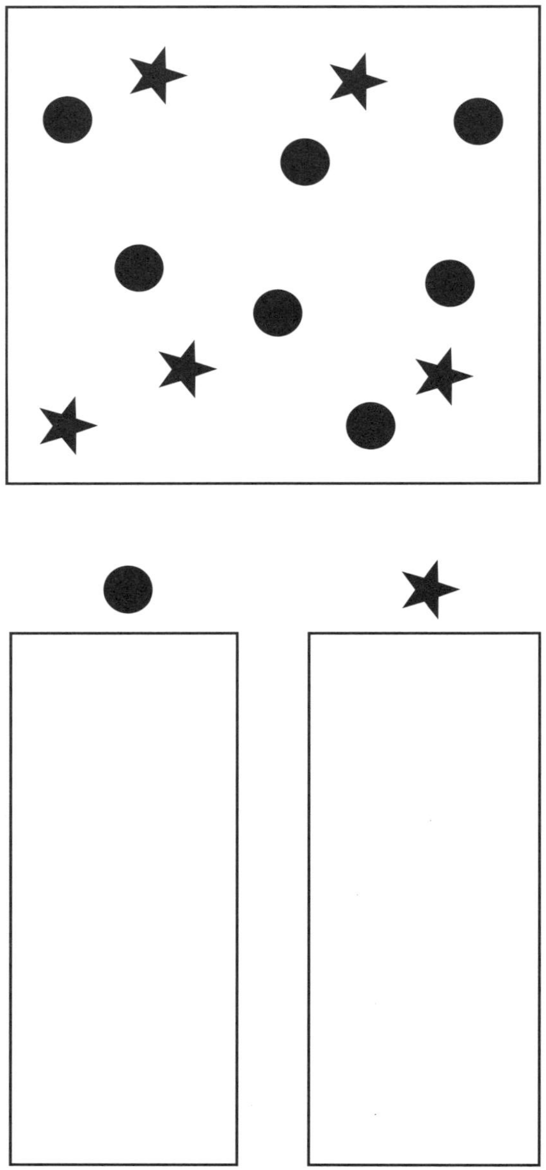

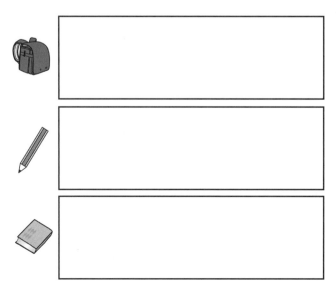

問題 05

パーフェクト基本問題 1　計数

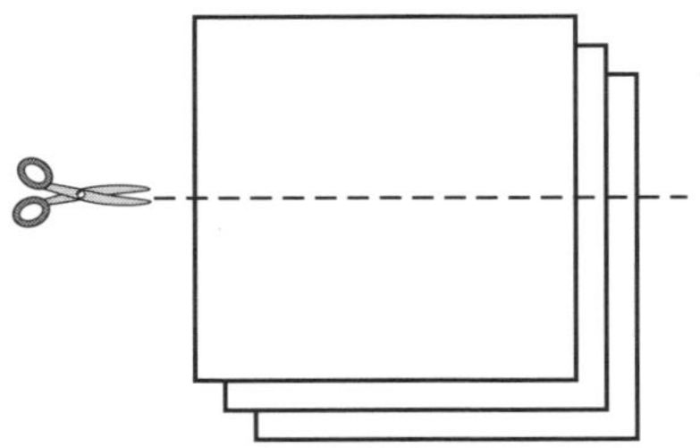

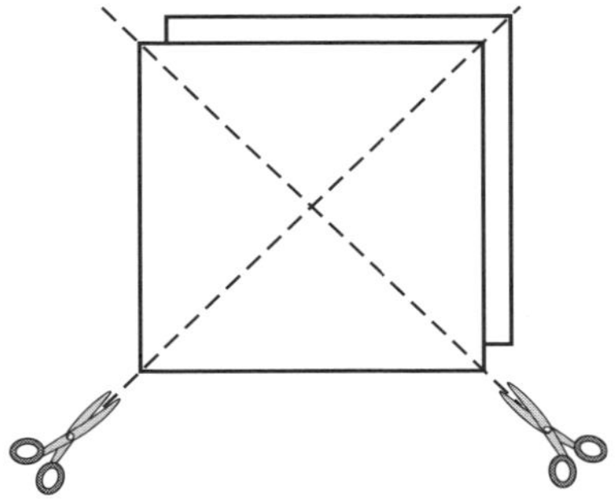

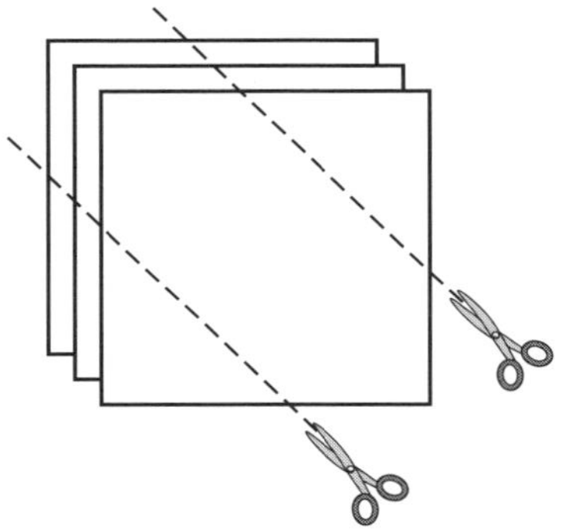

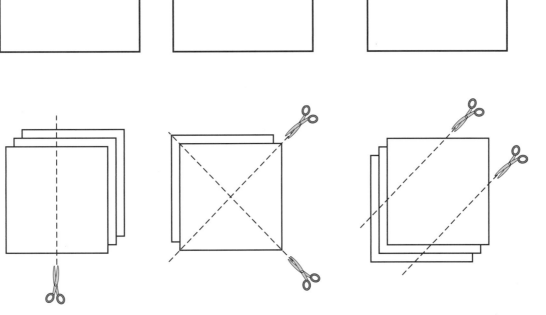

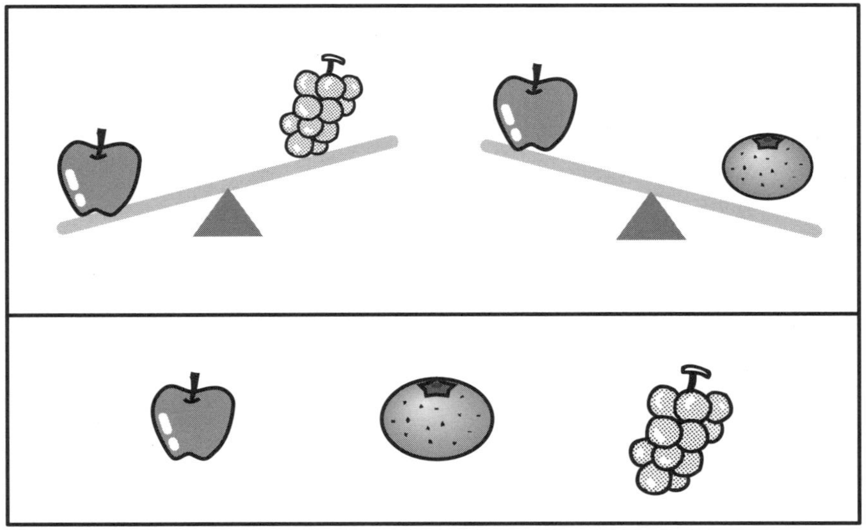

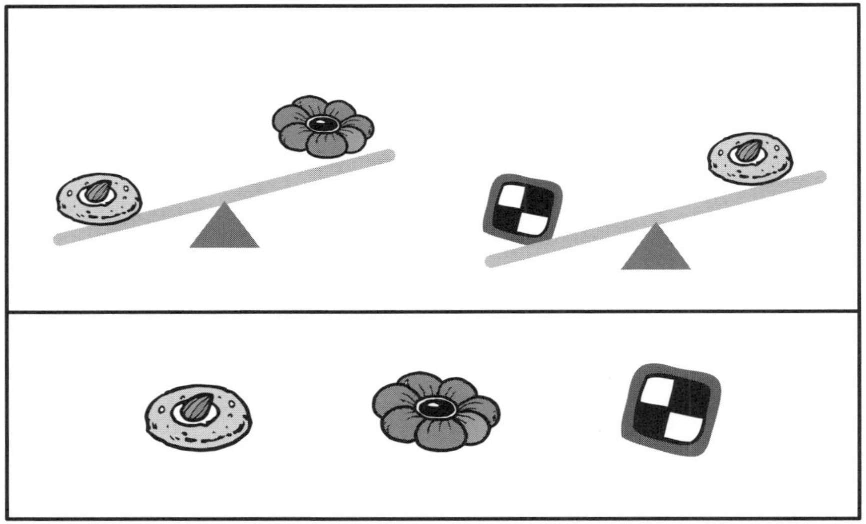

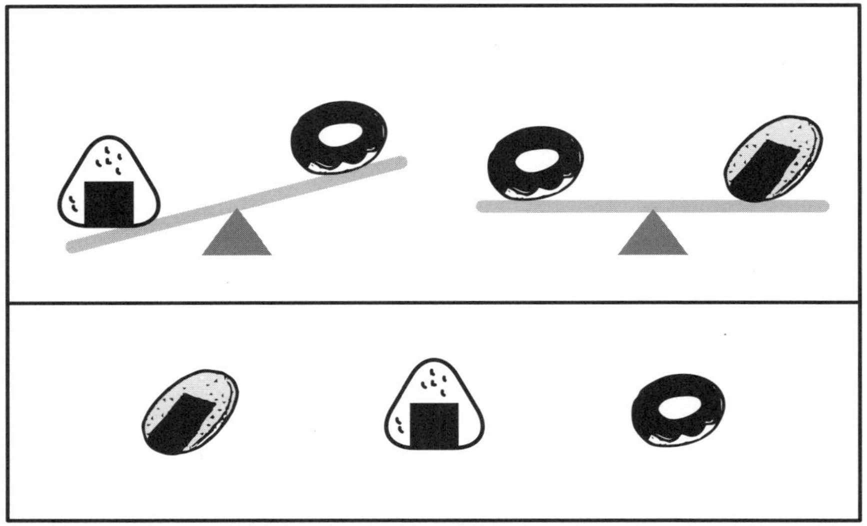

問題 07

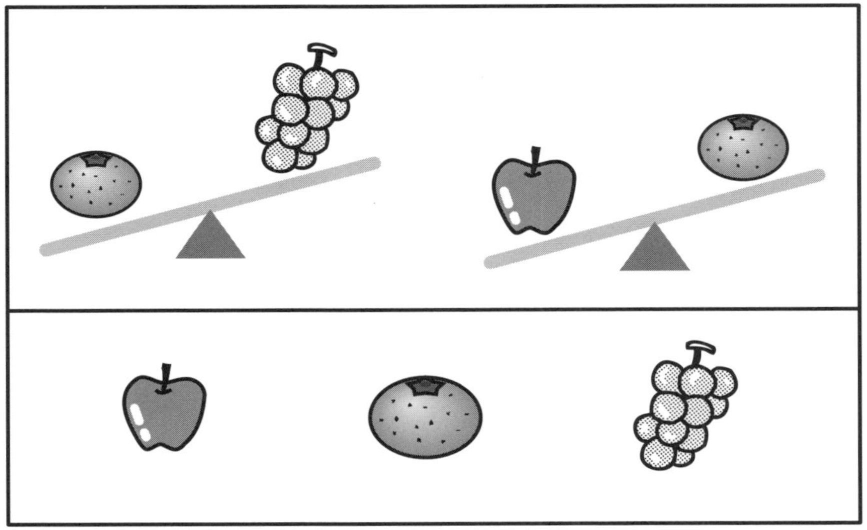

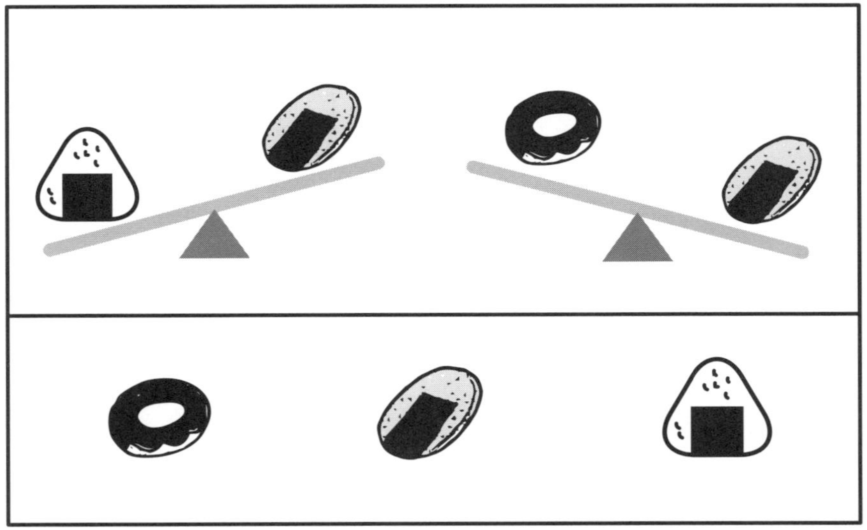

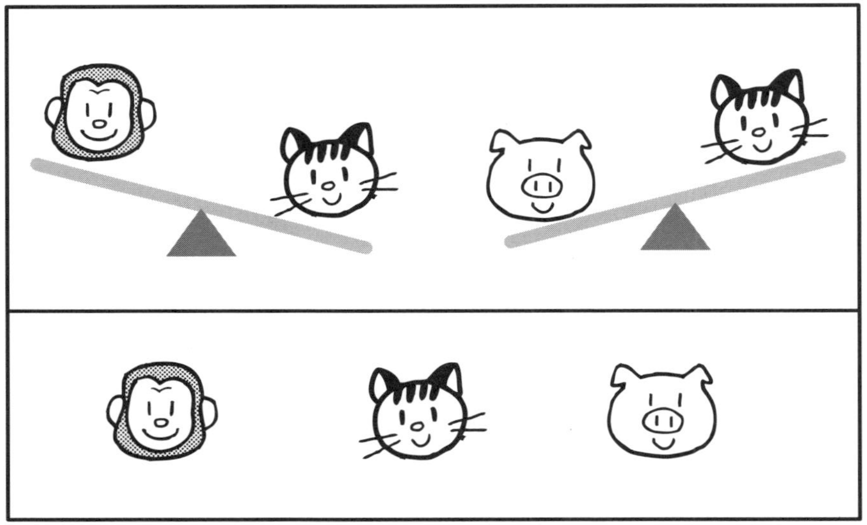

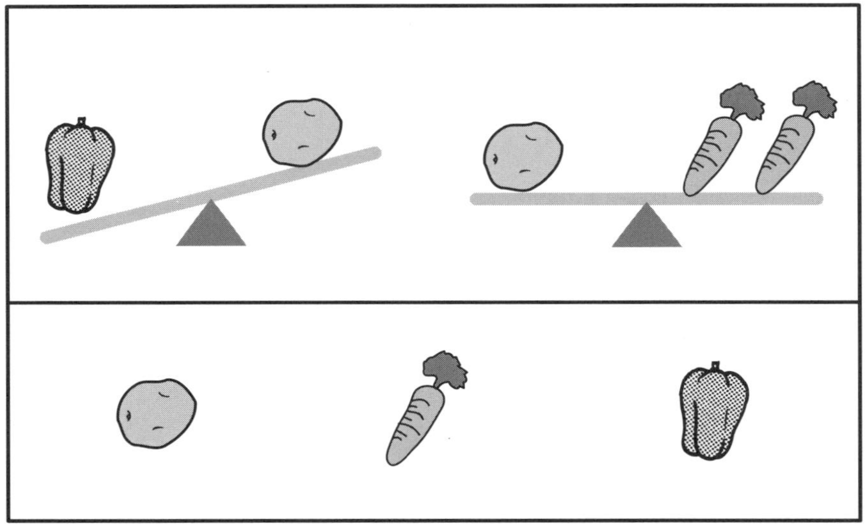

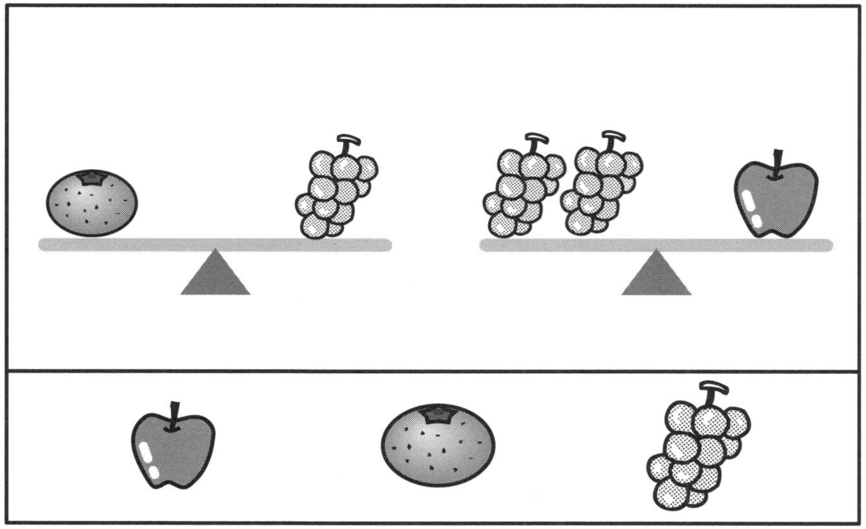

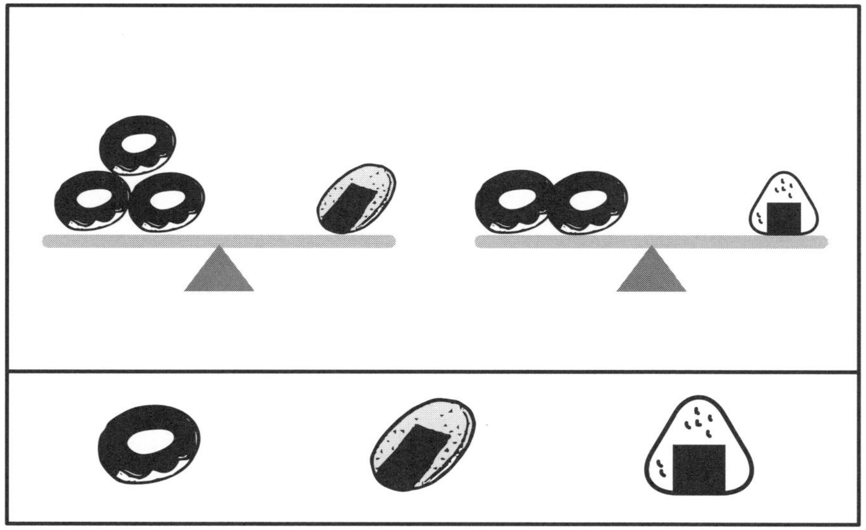

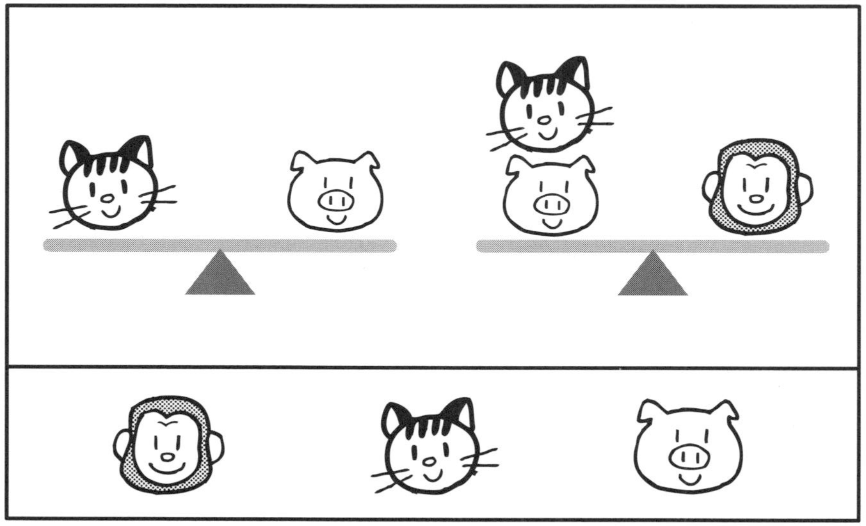

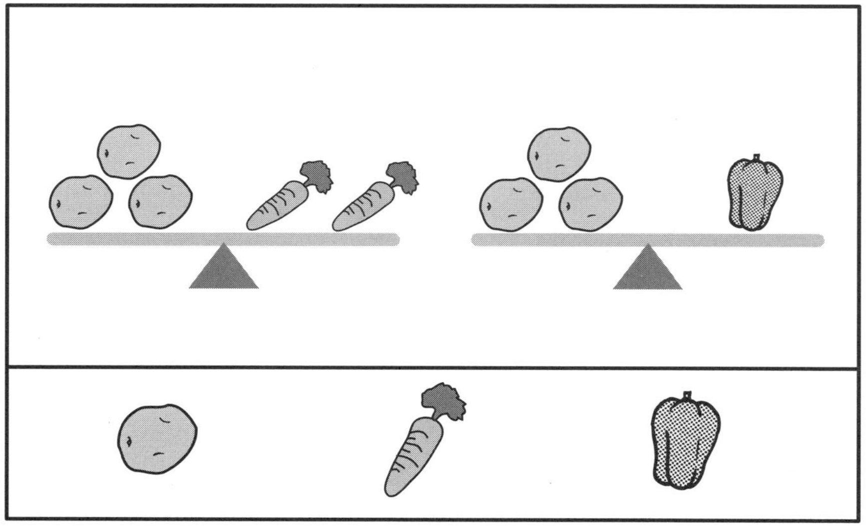

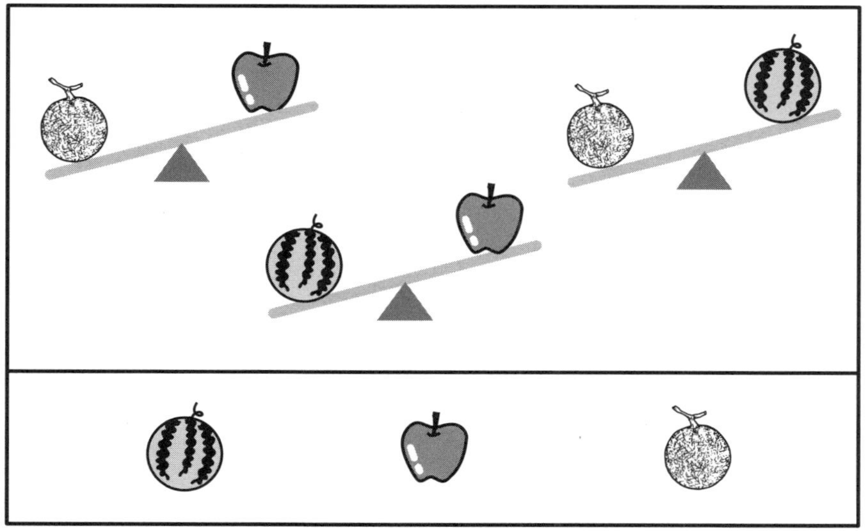

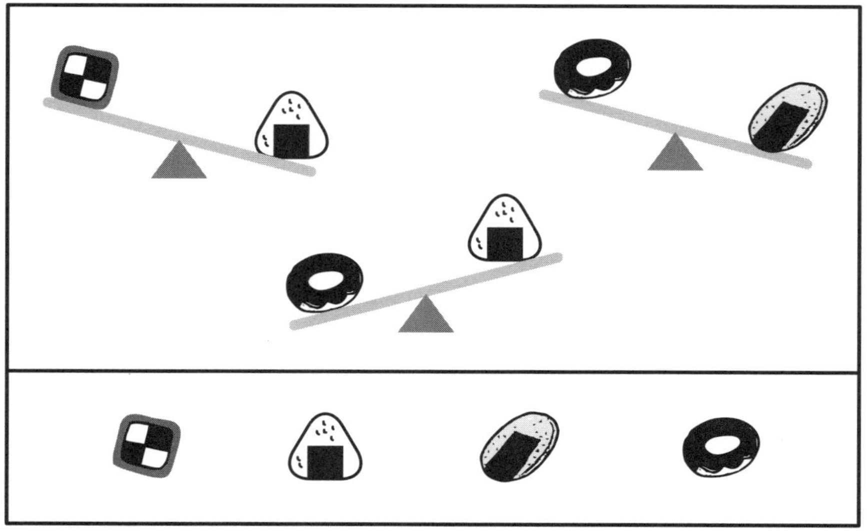

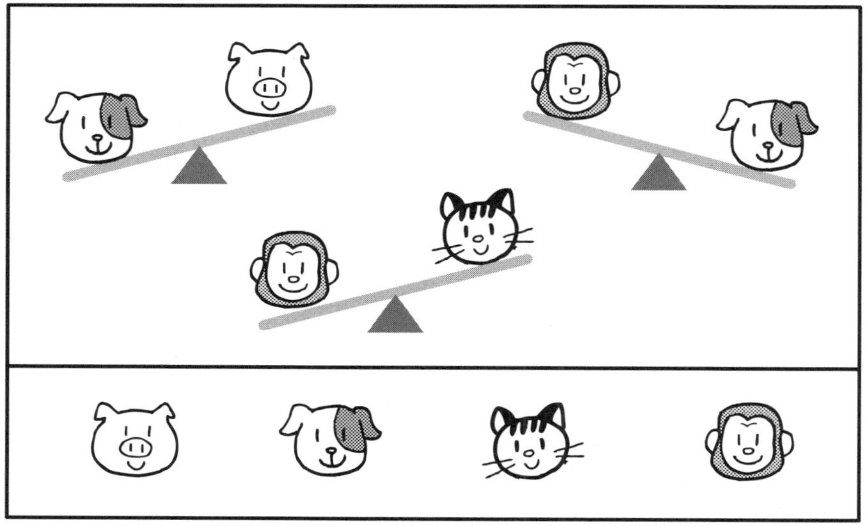

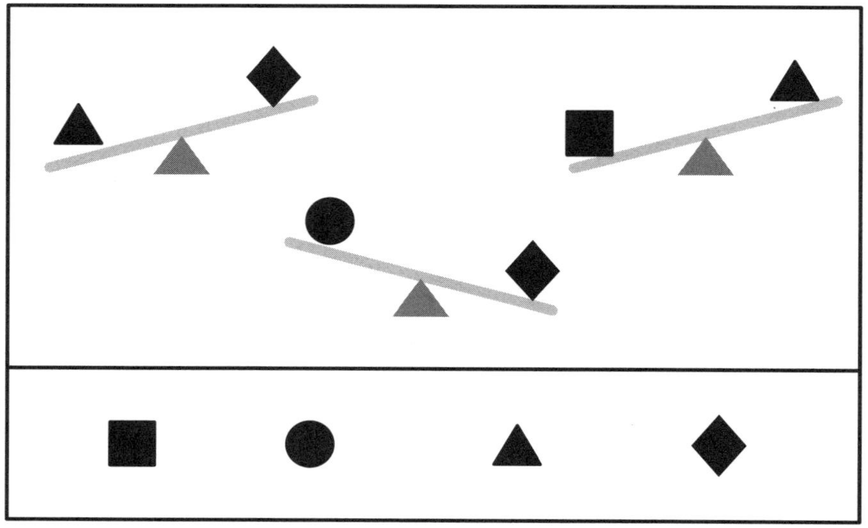

問題 11

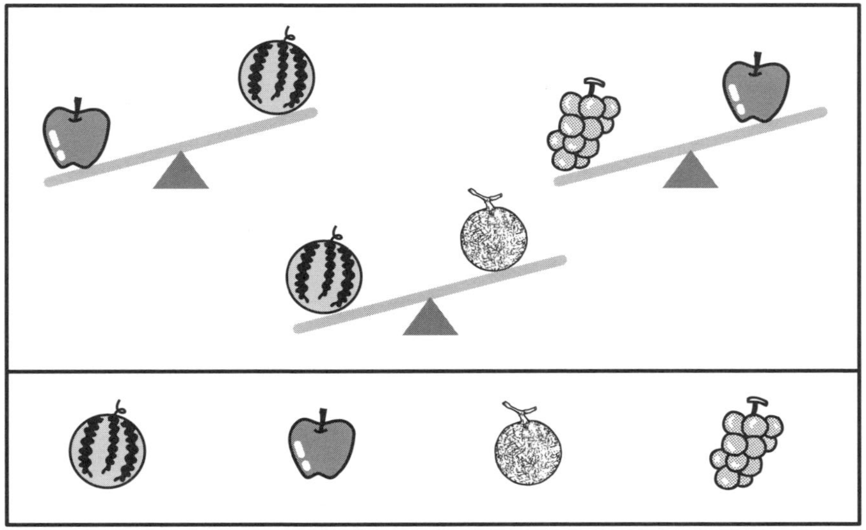

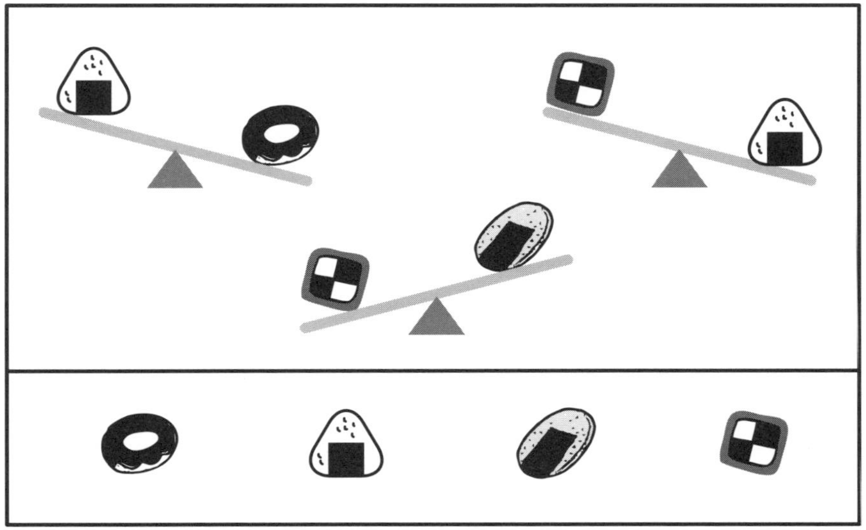

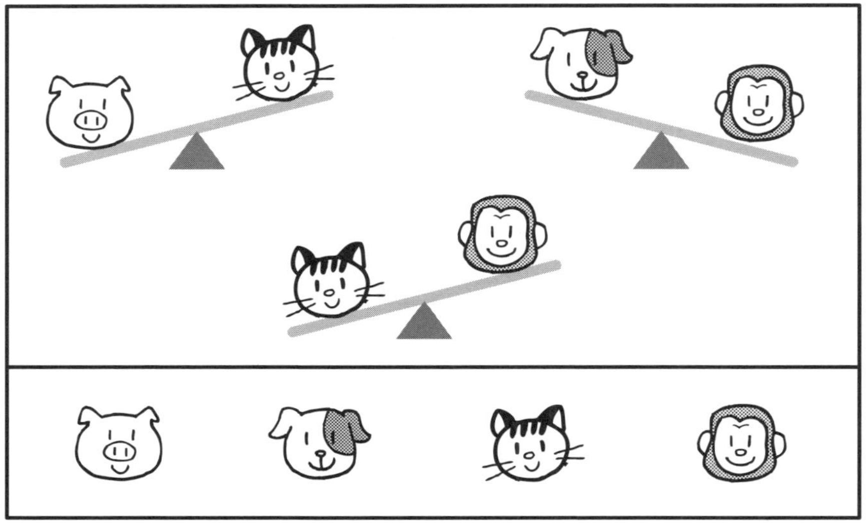

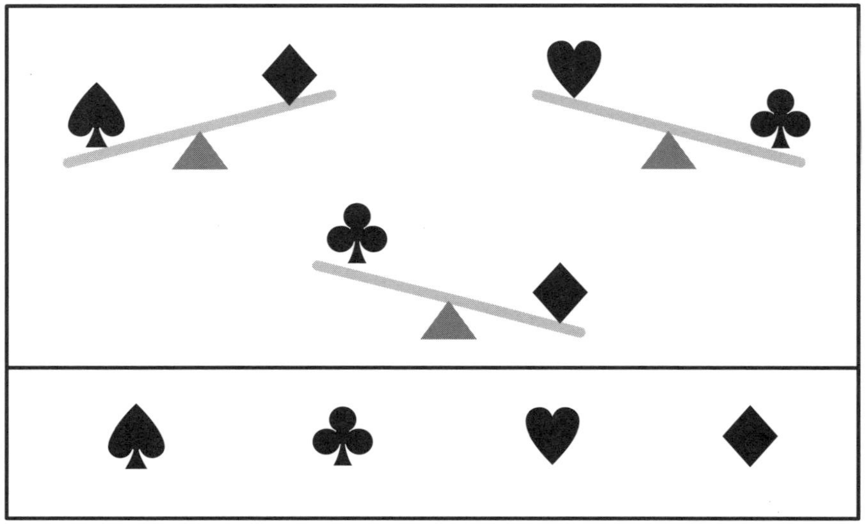

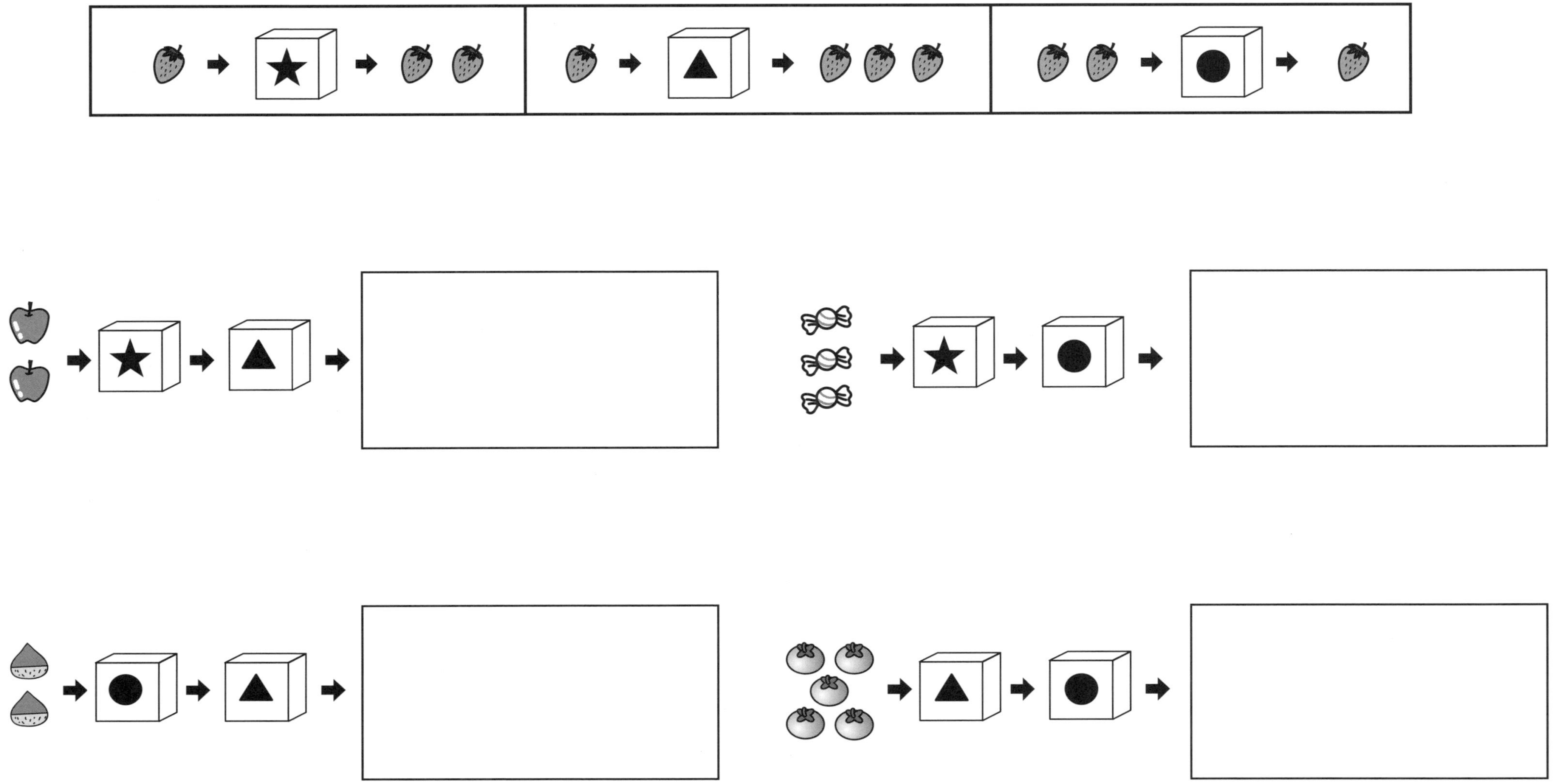

問題 13

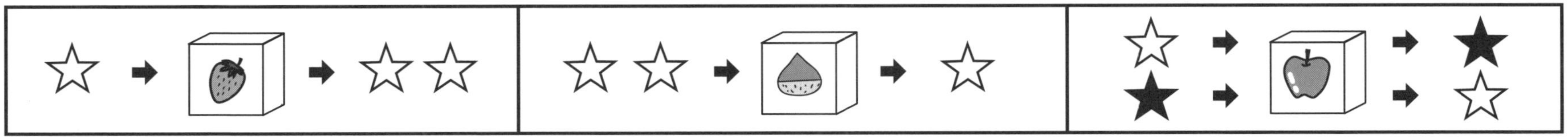

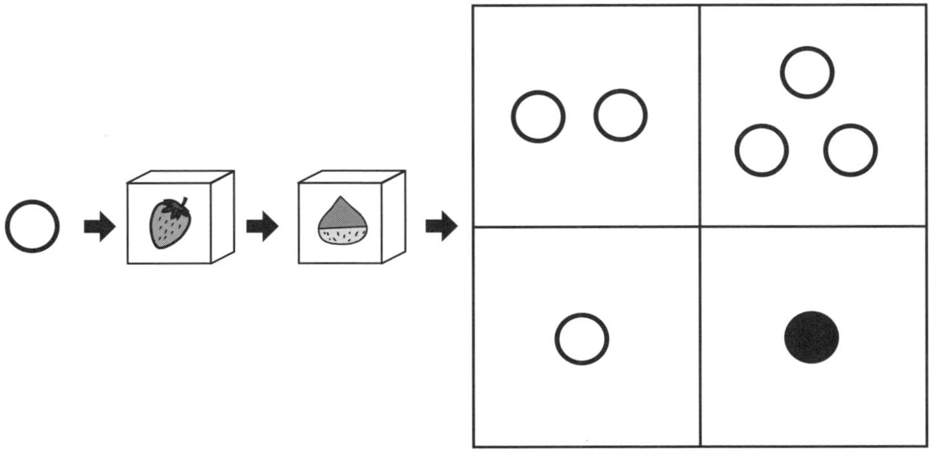

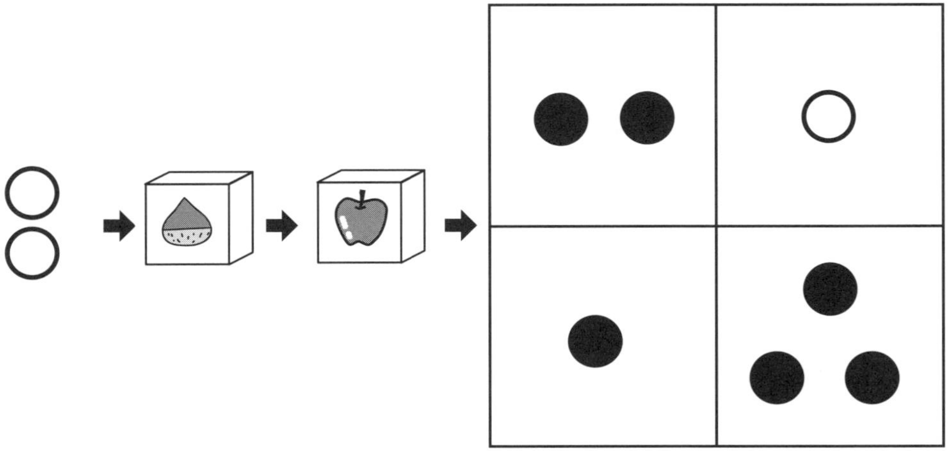

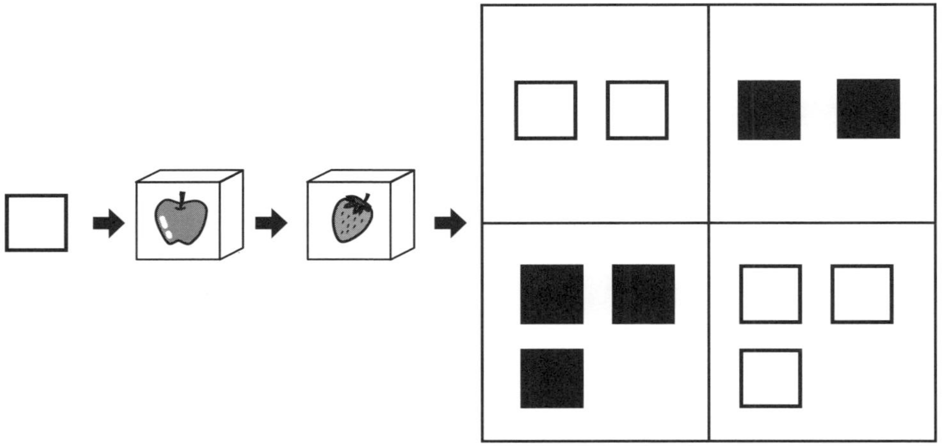

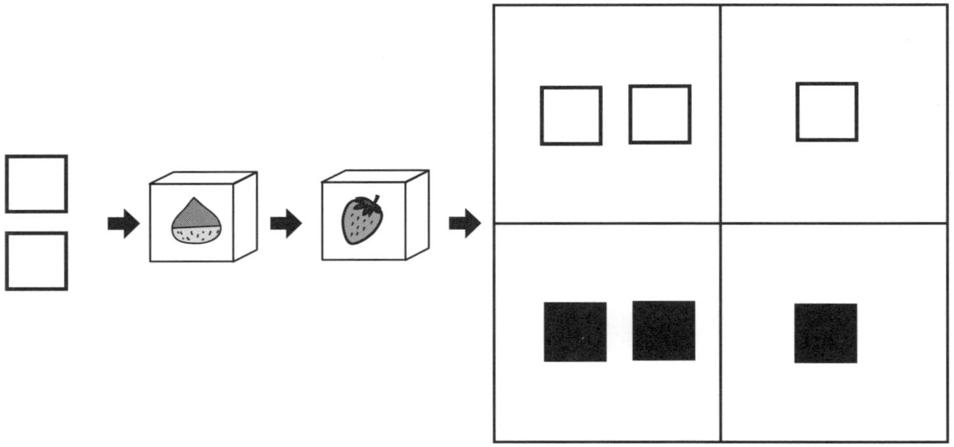

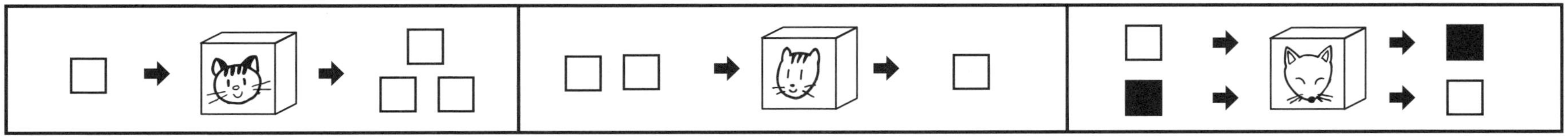

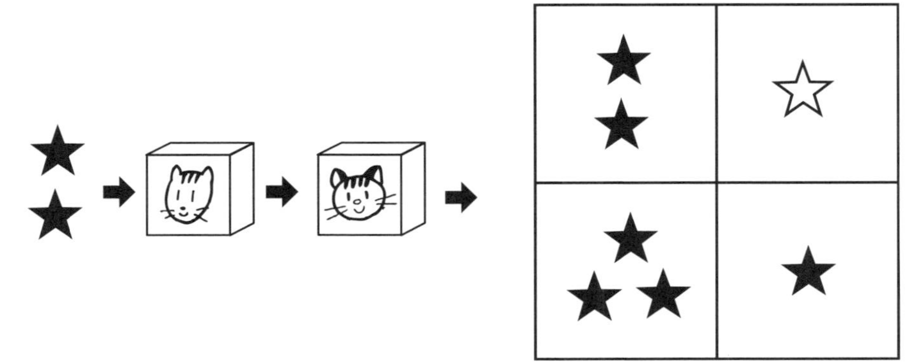

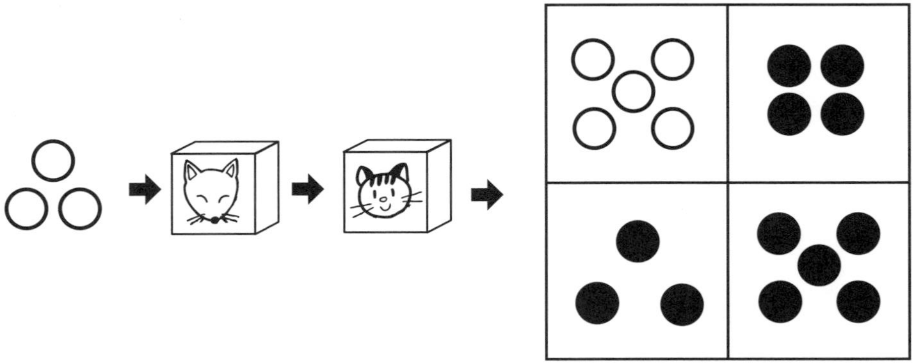

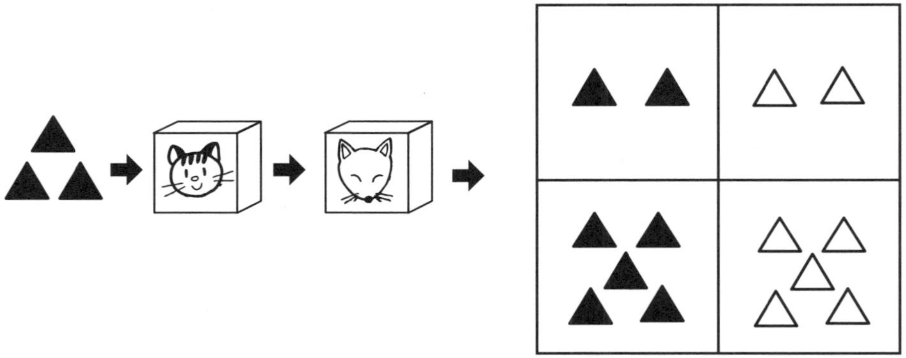

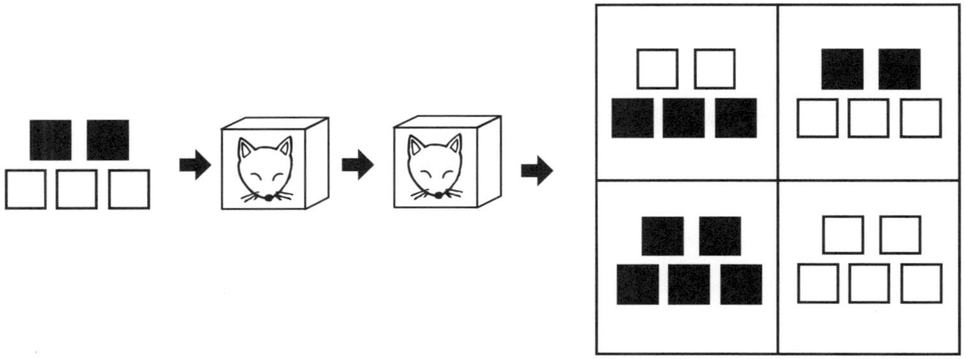

問題 15

問題 16

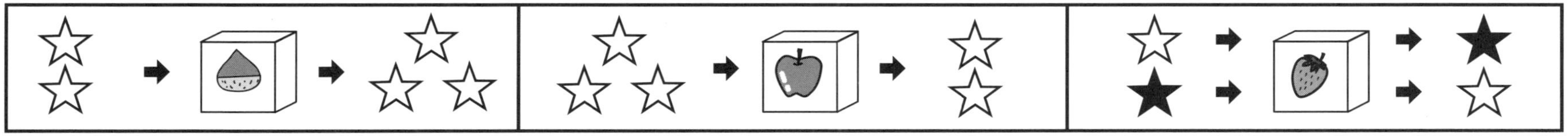

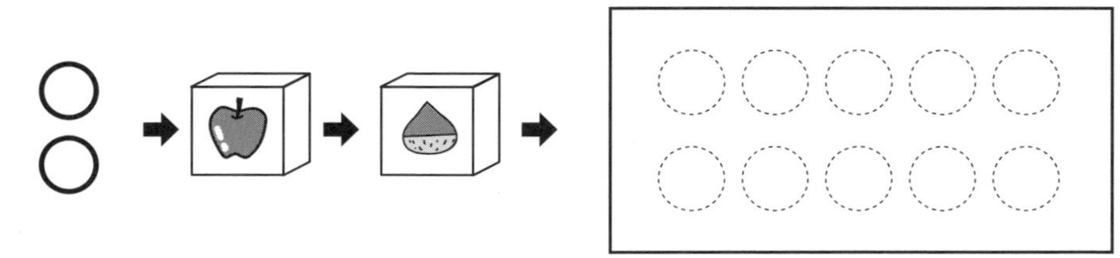

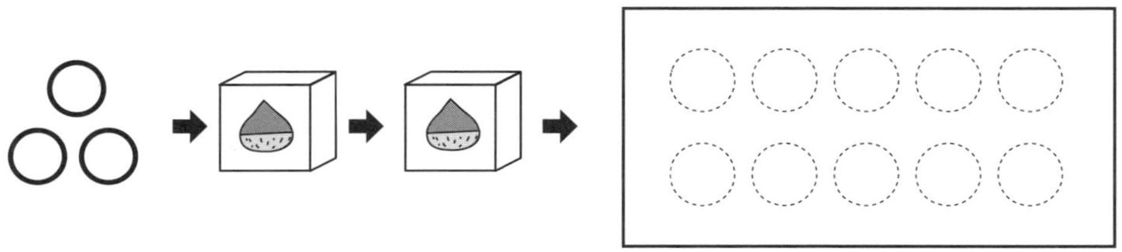

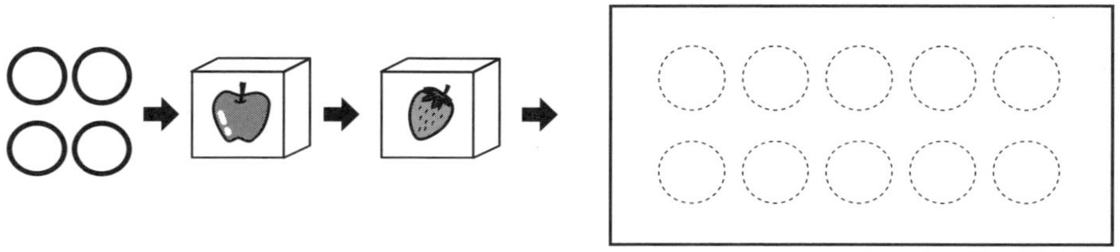

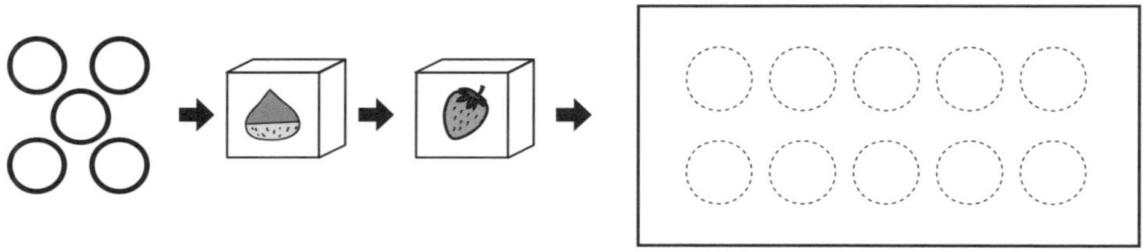

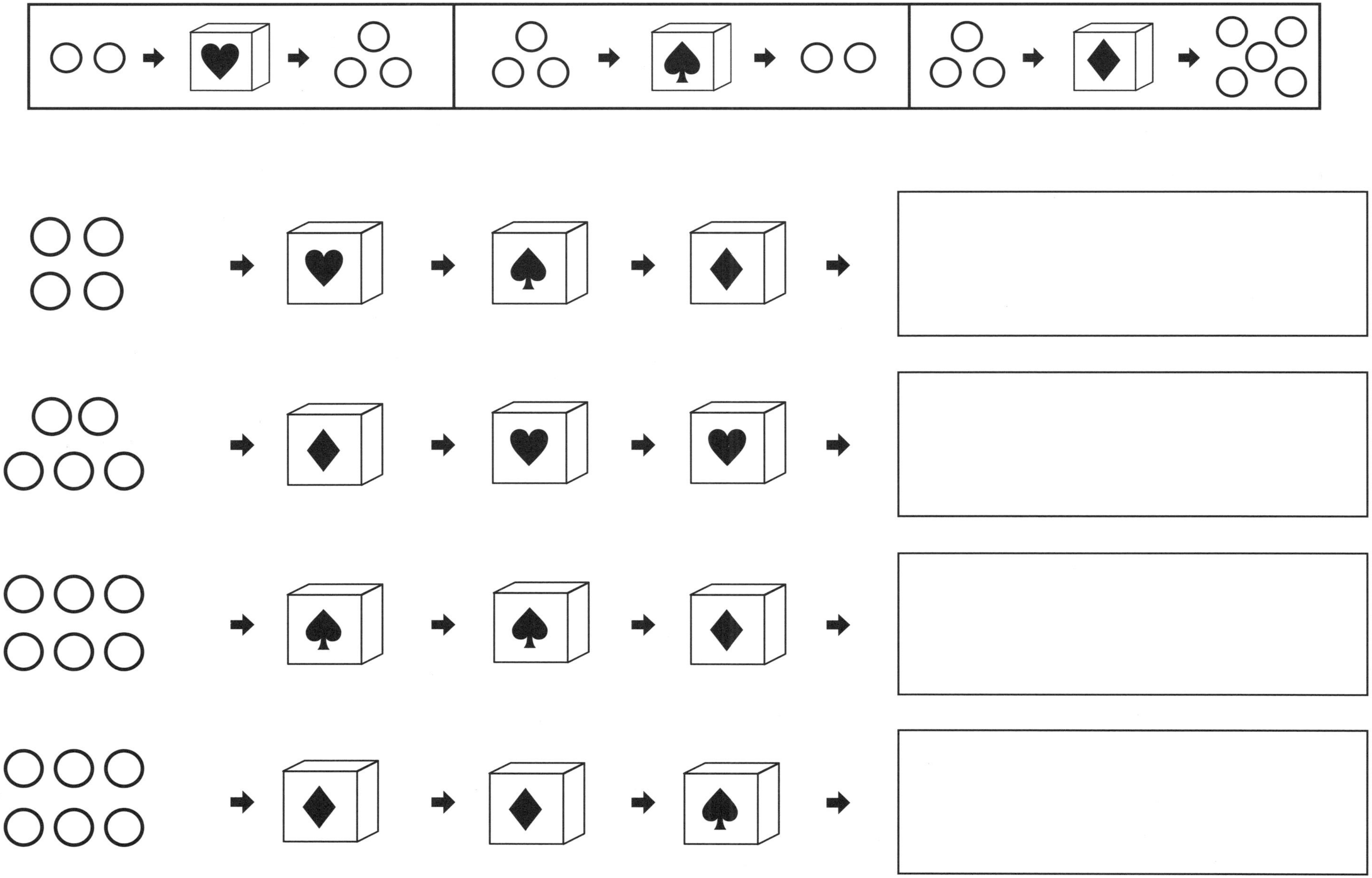

問題 17

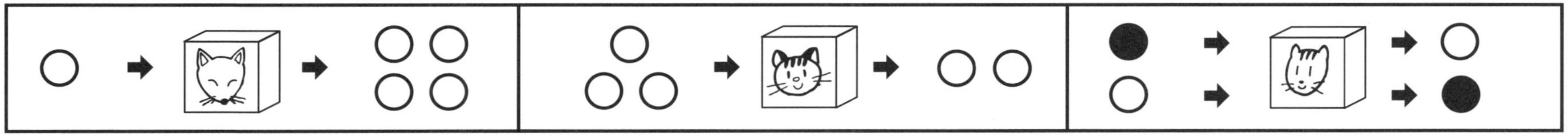

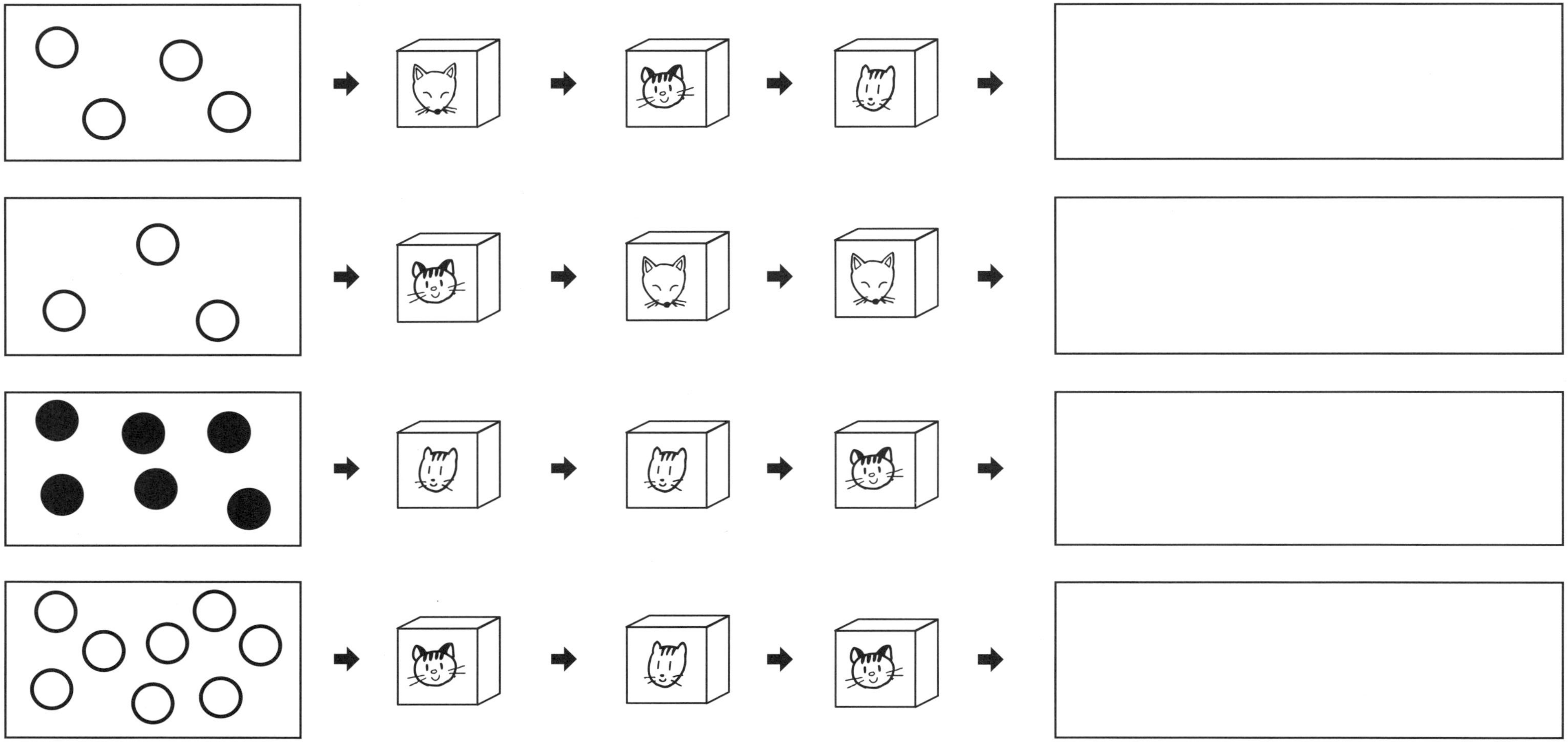

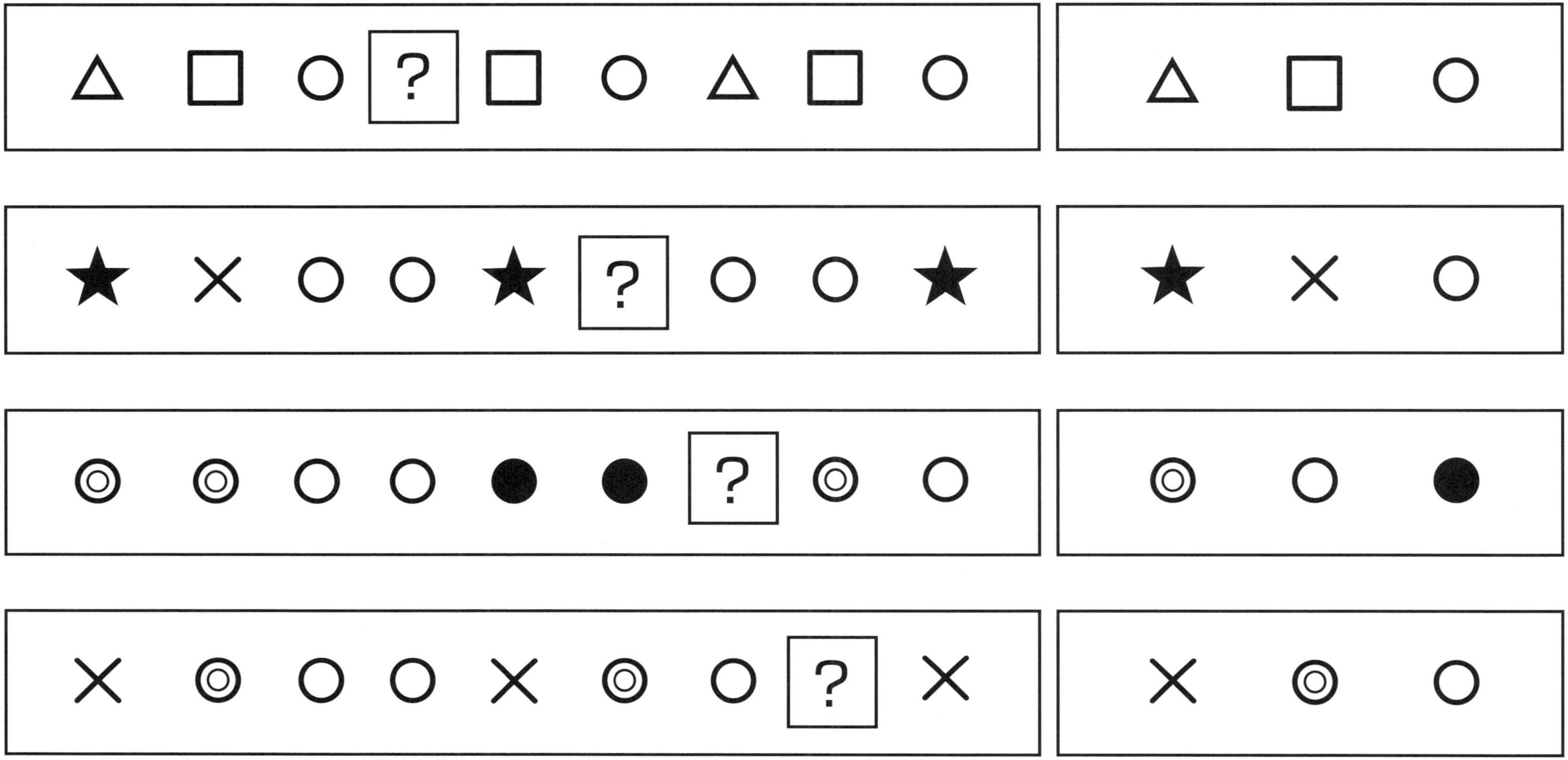

キリトリ線

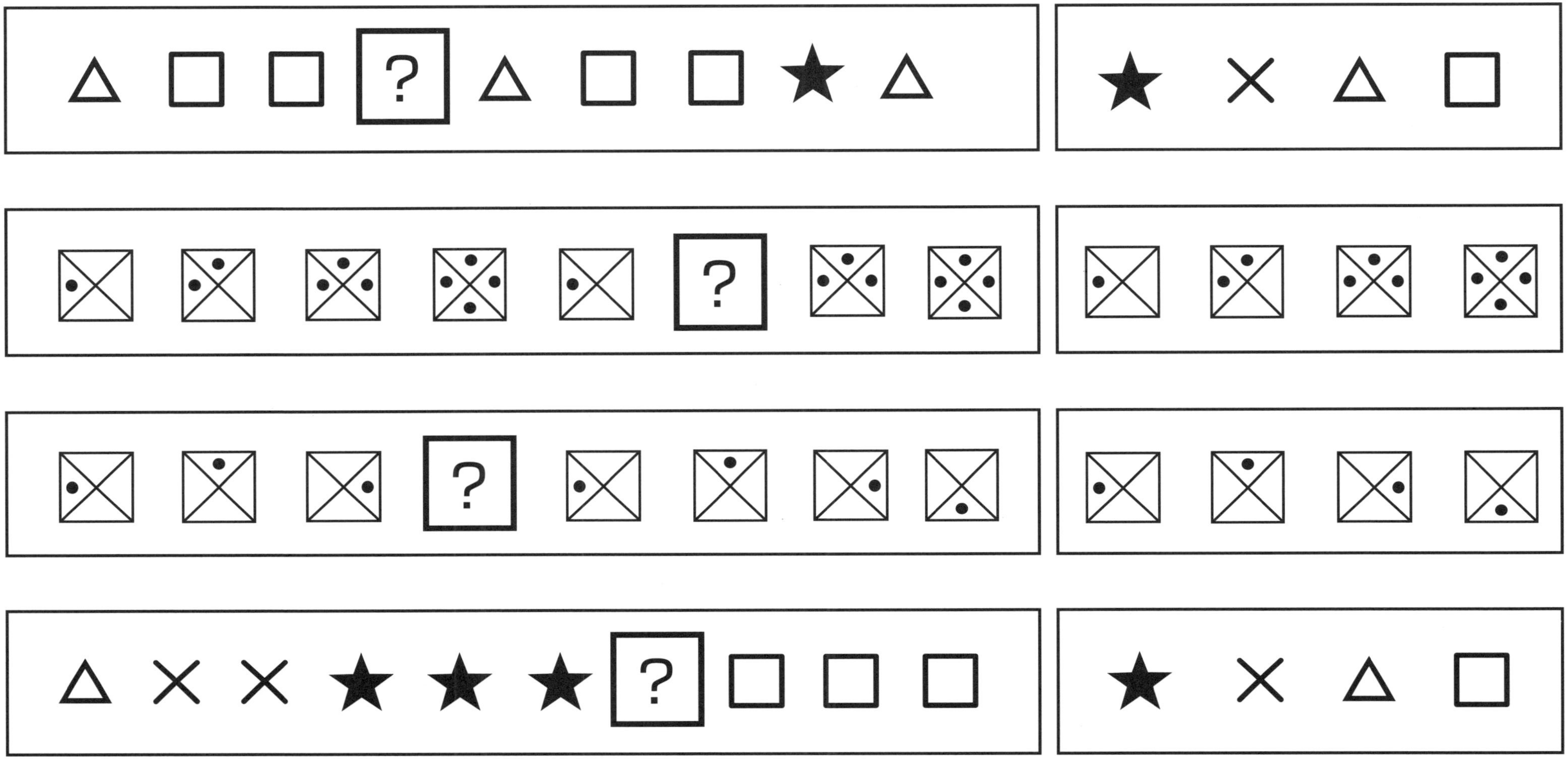

問題21

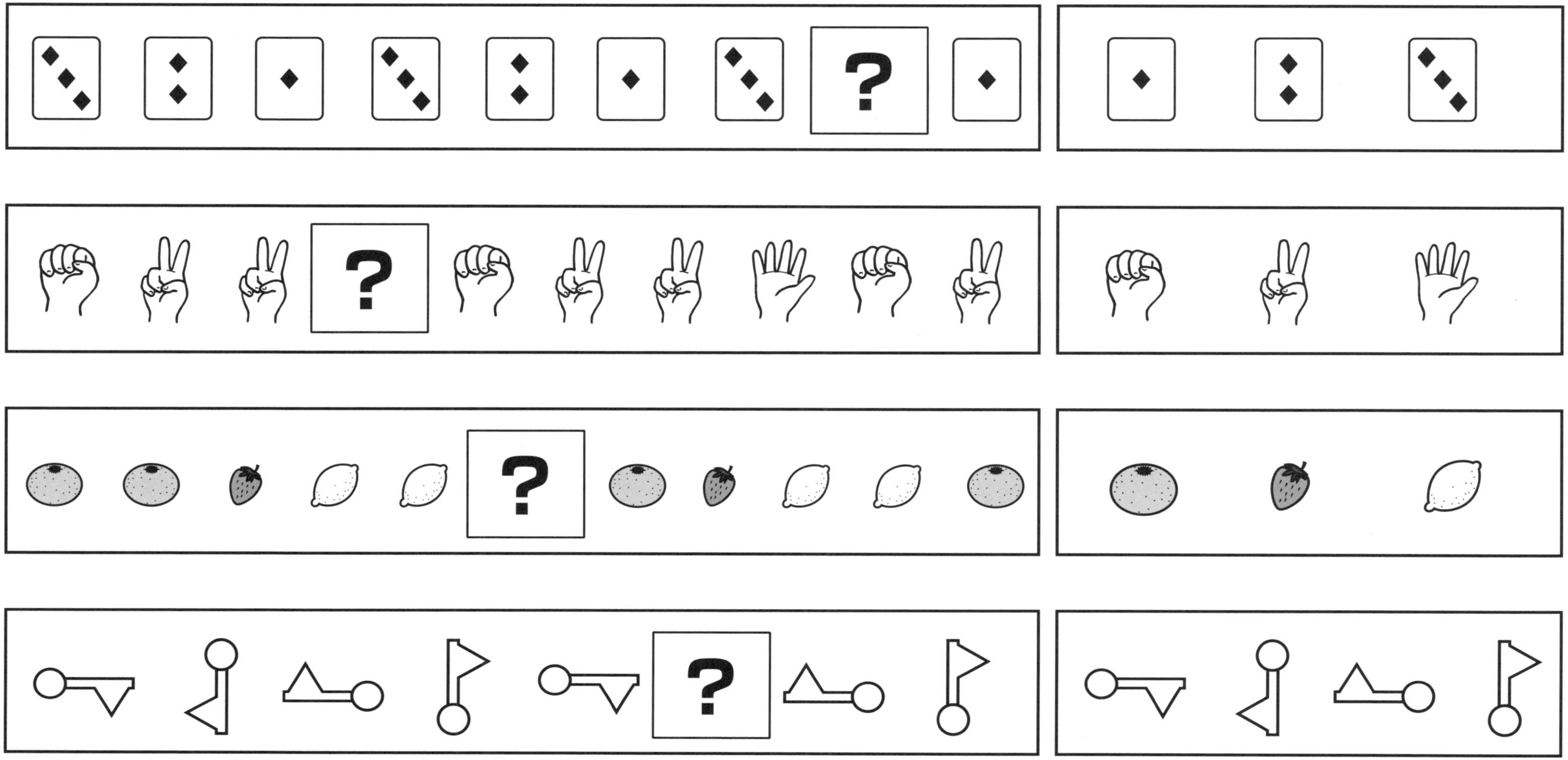

問題 22

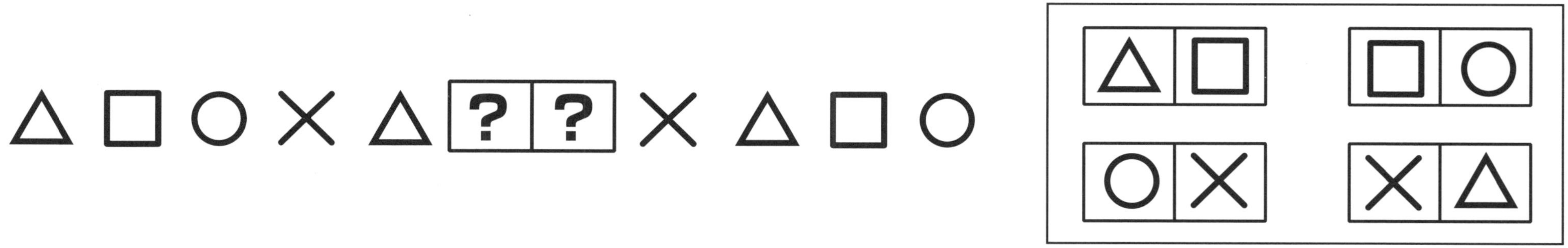

問題 23

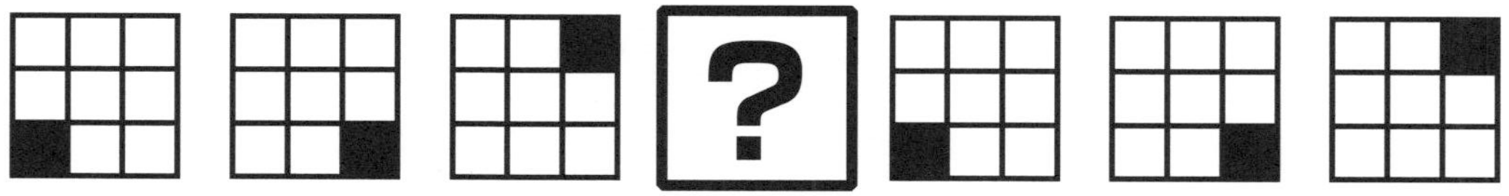

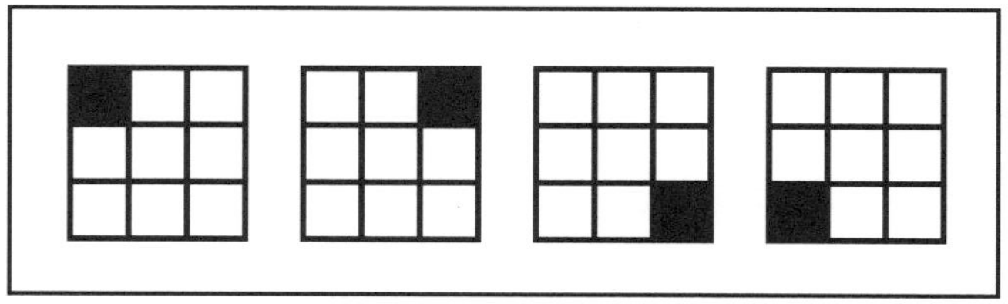

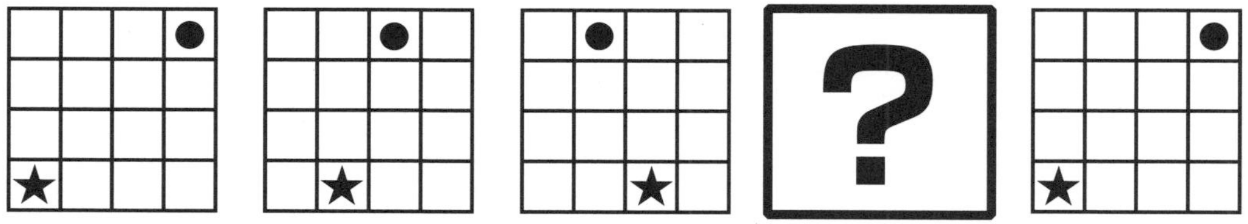

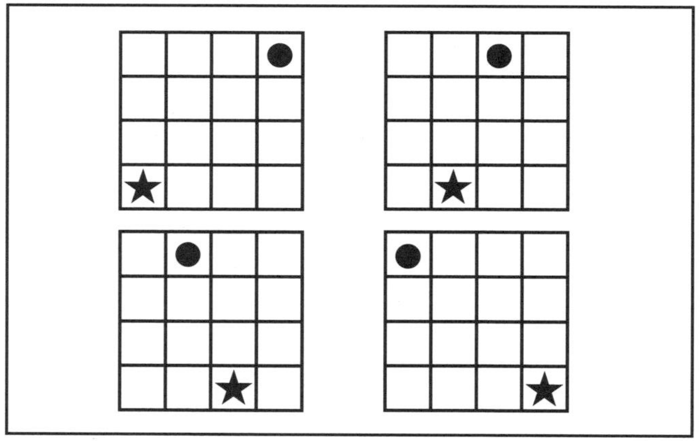

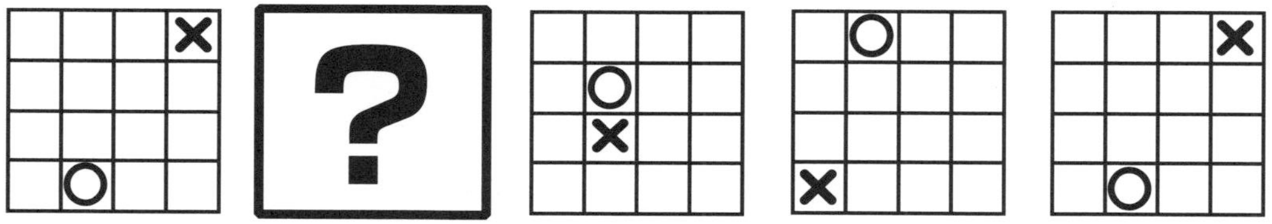

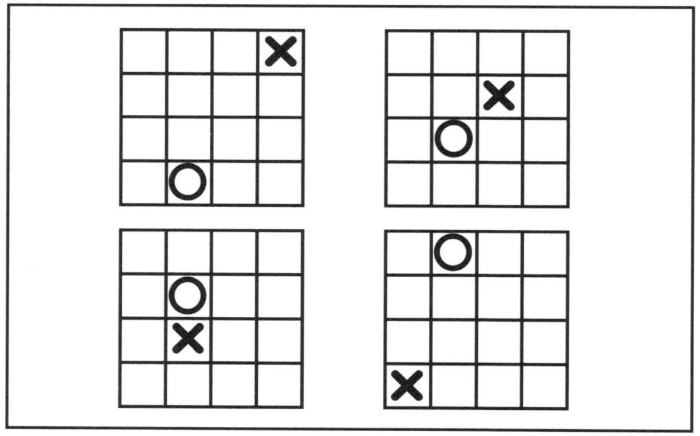

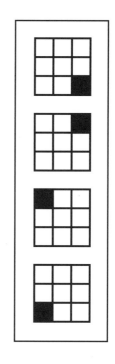

問題 24

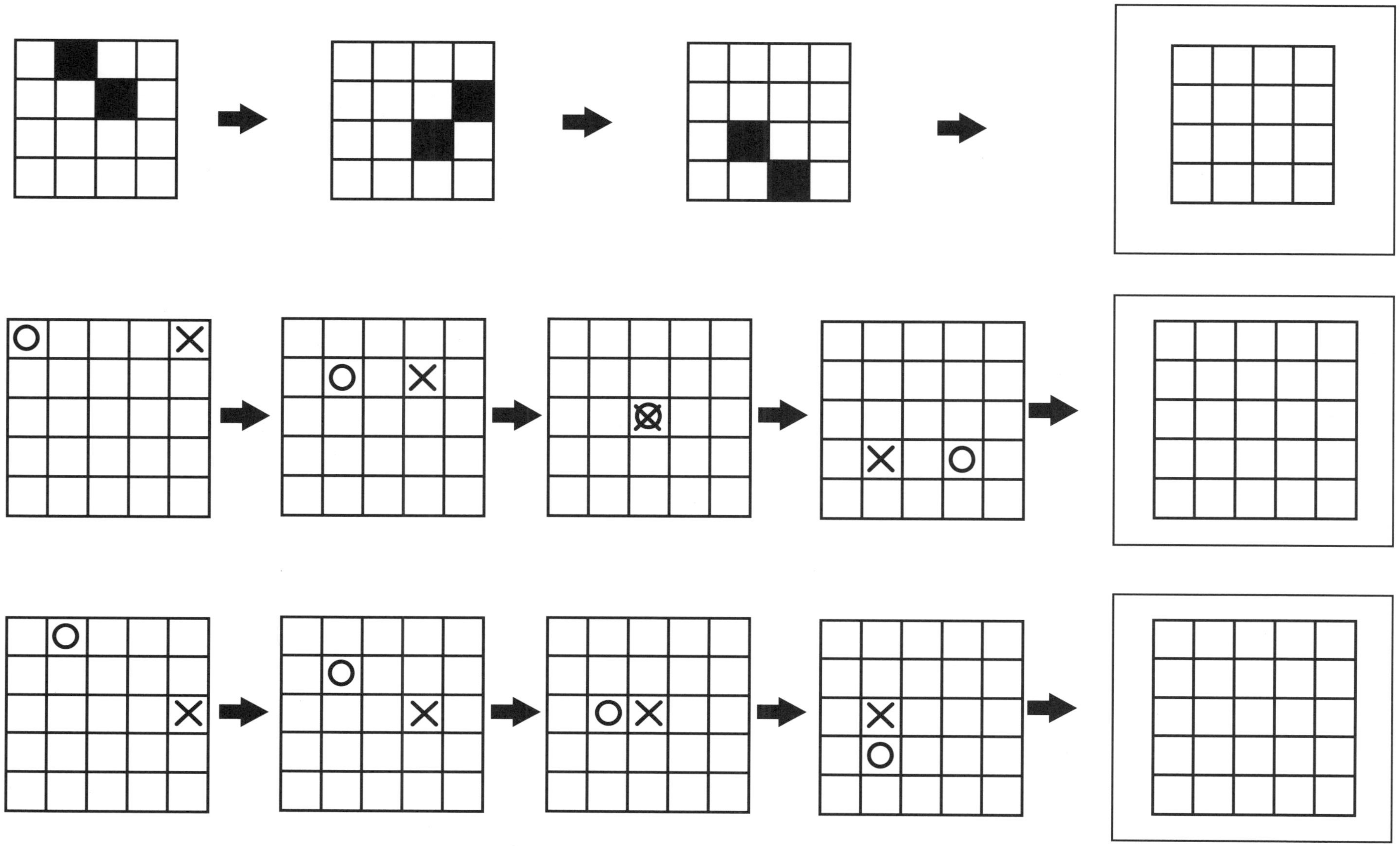

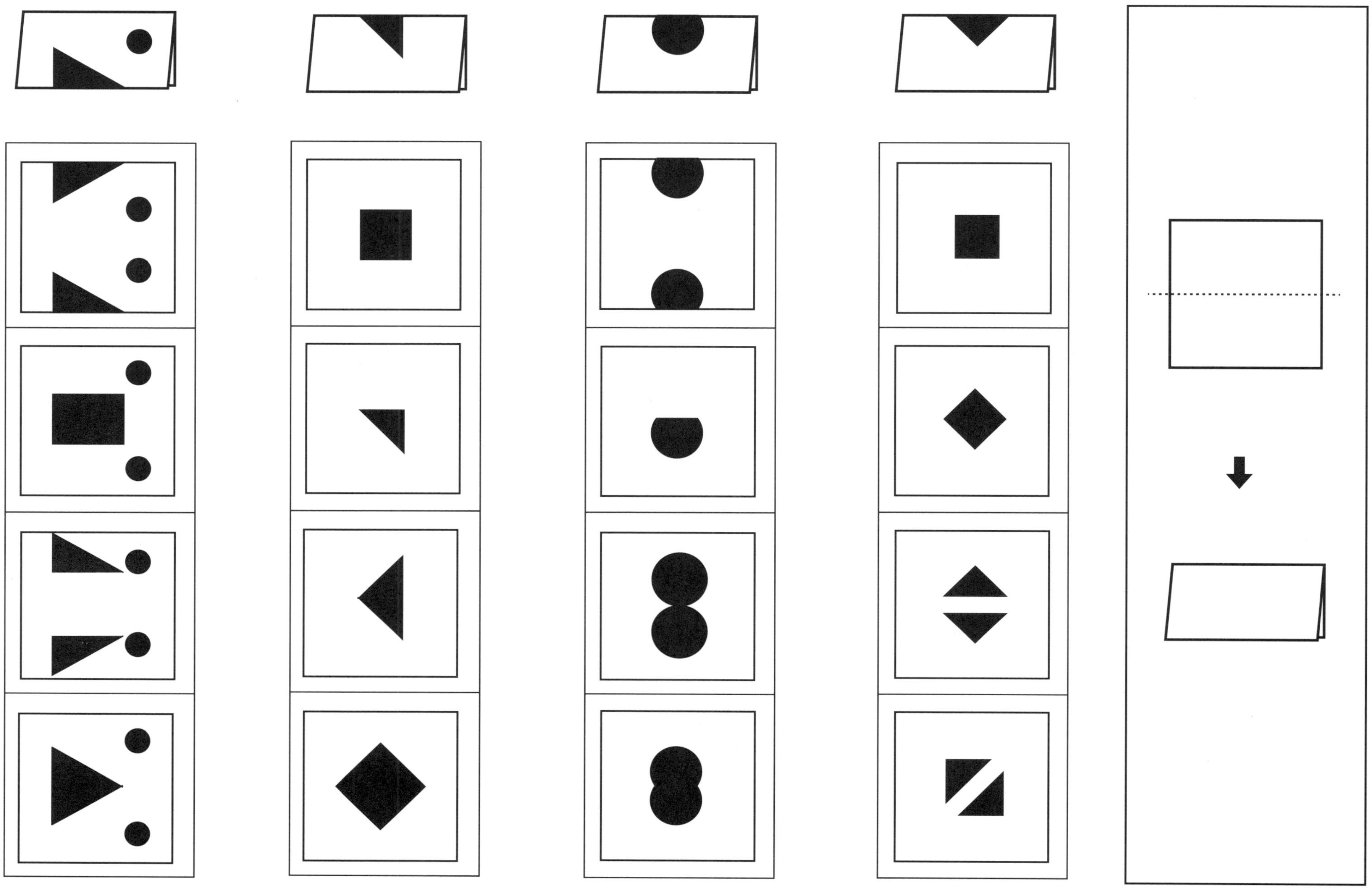

問題 25

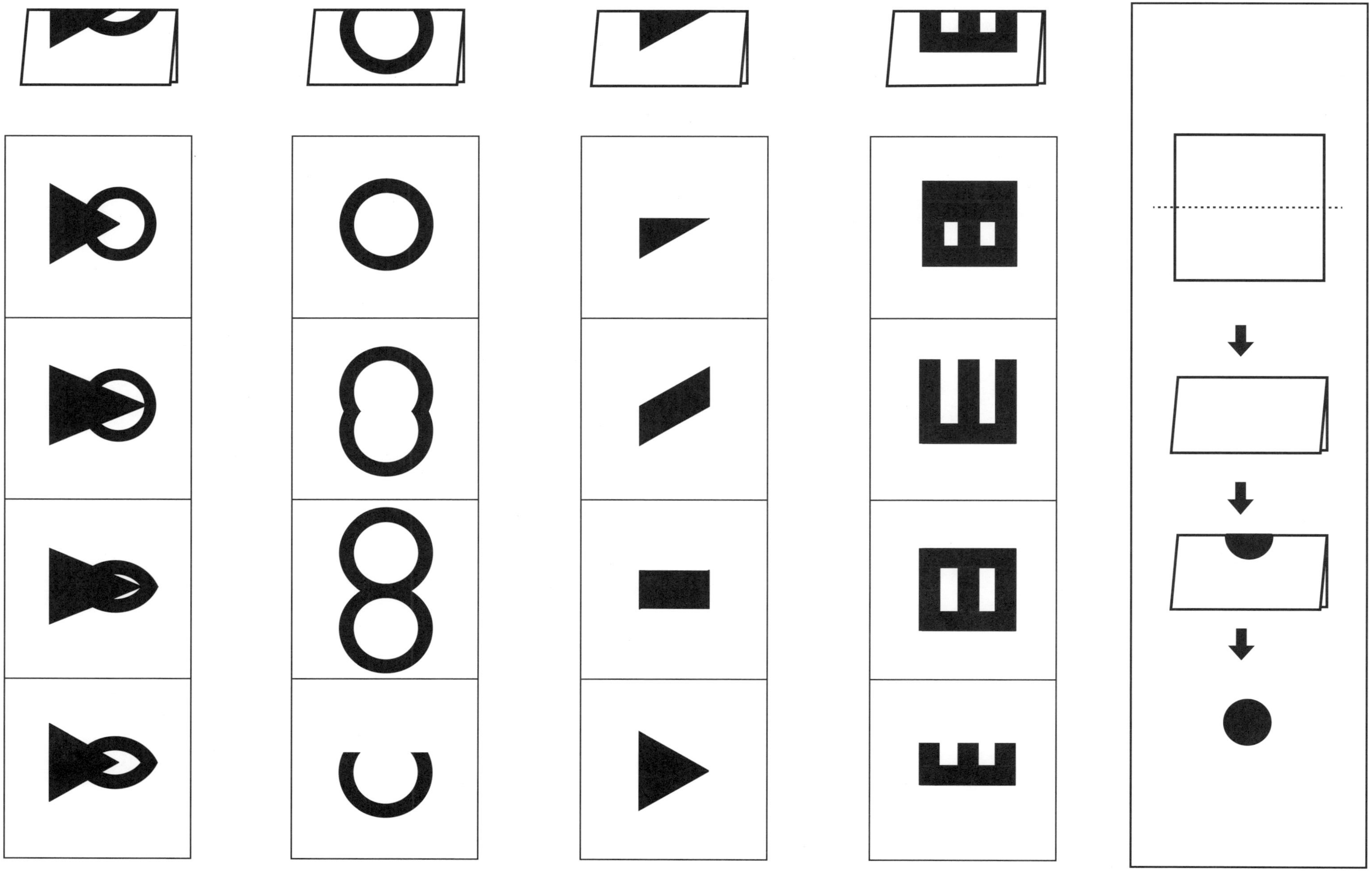

キリトリ線

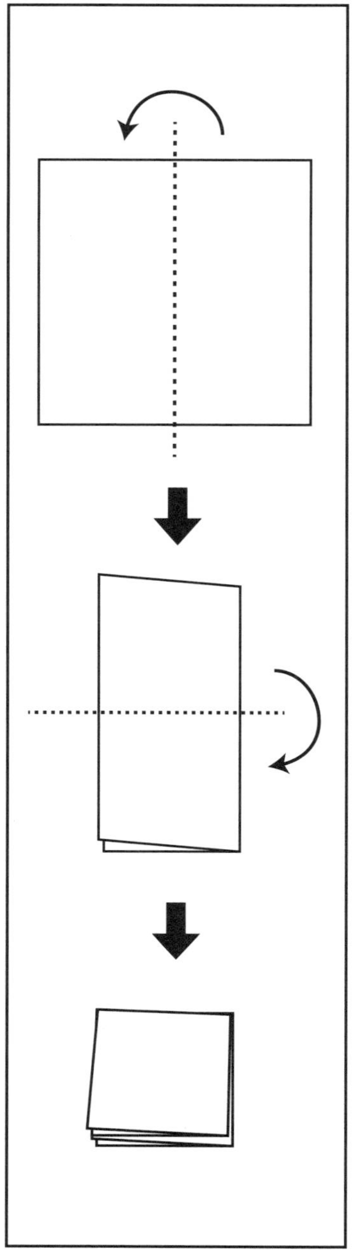

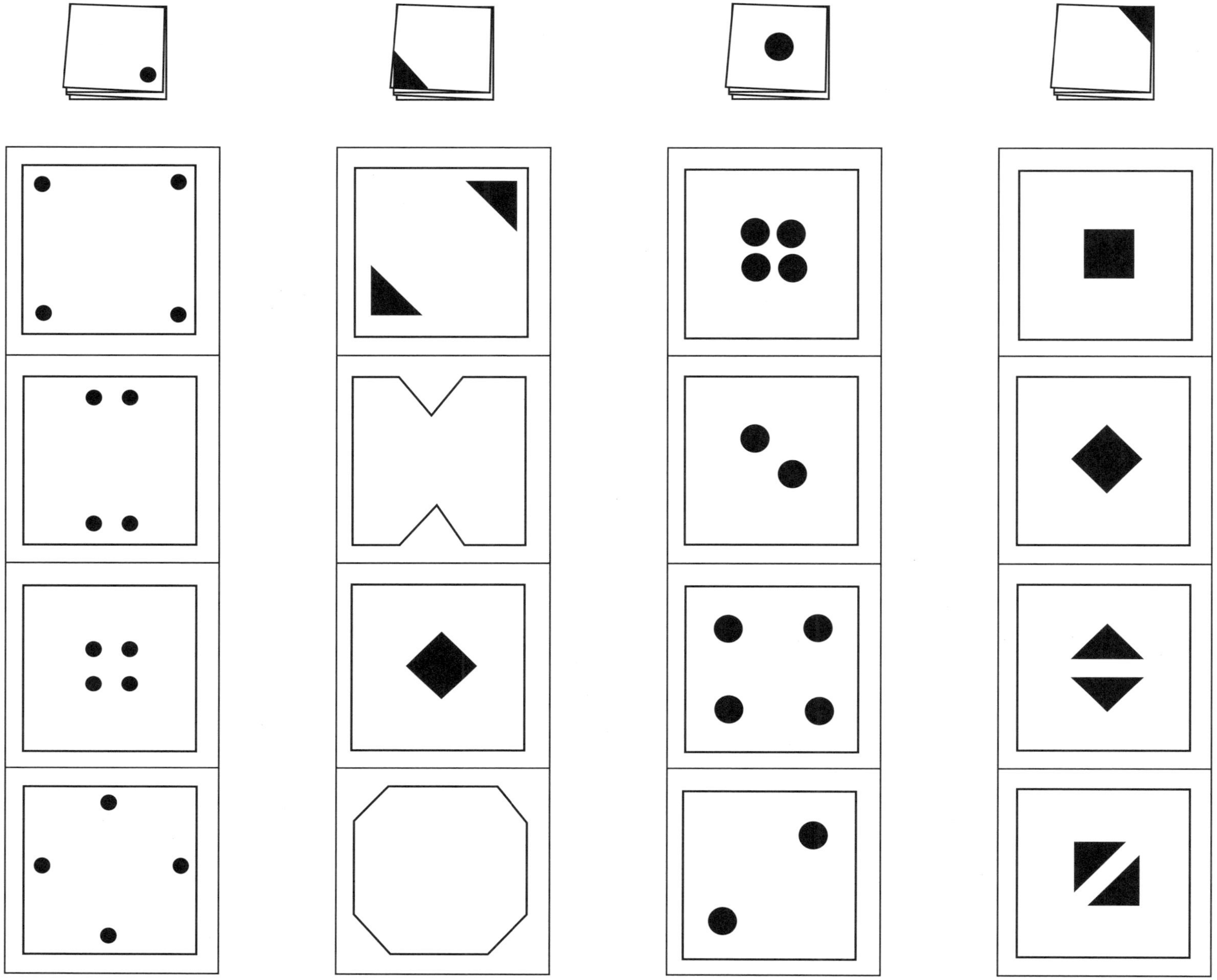

問題 27

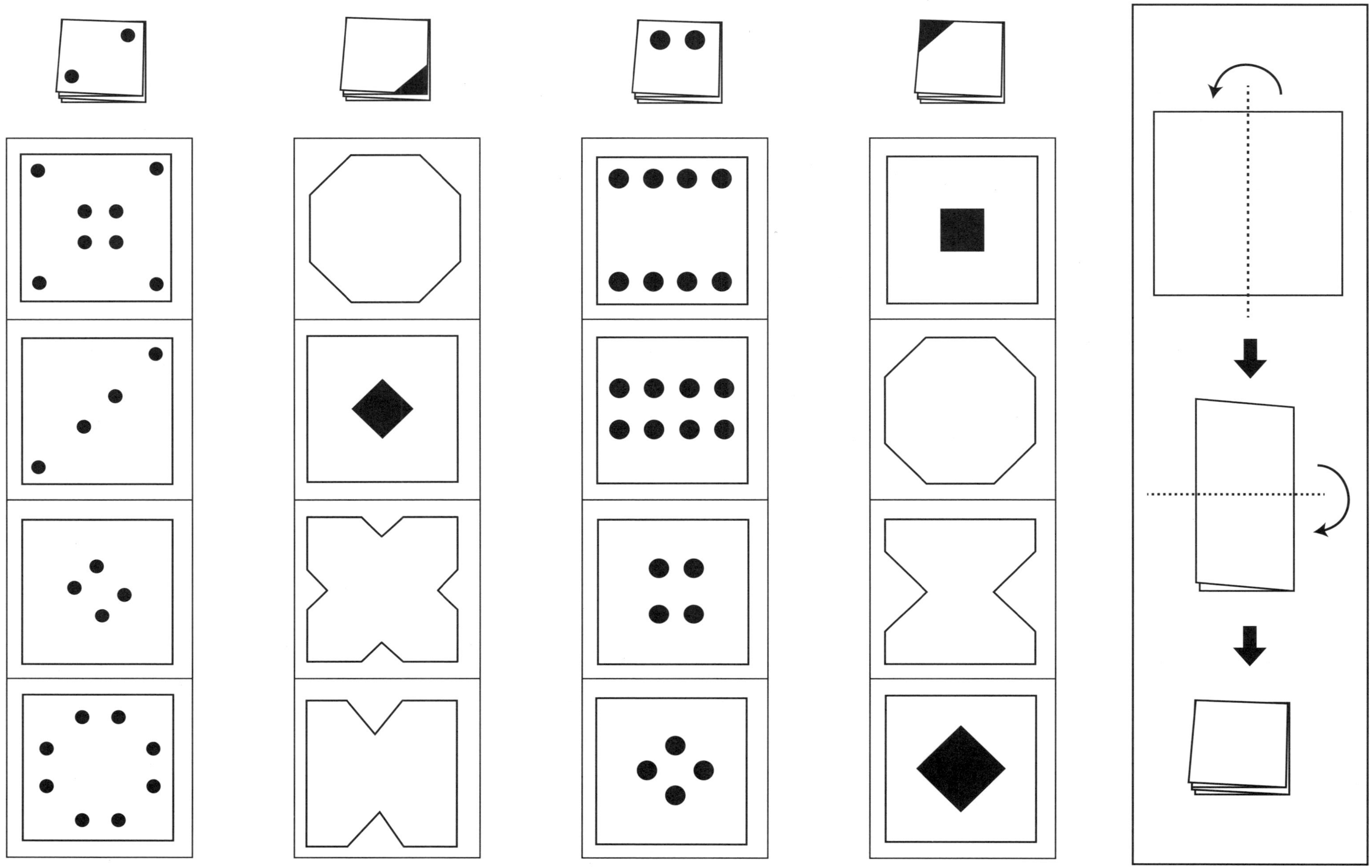

問題 28

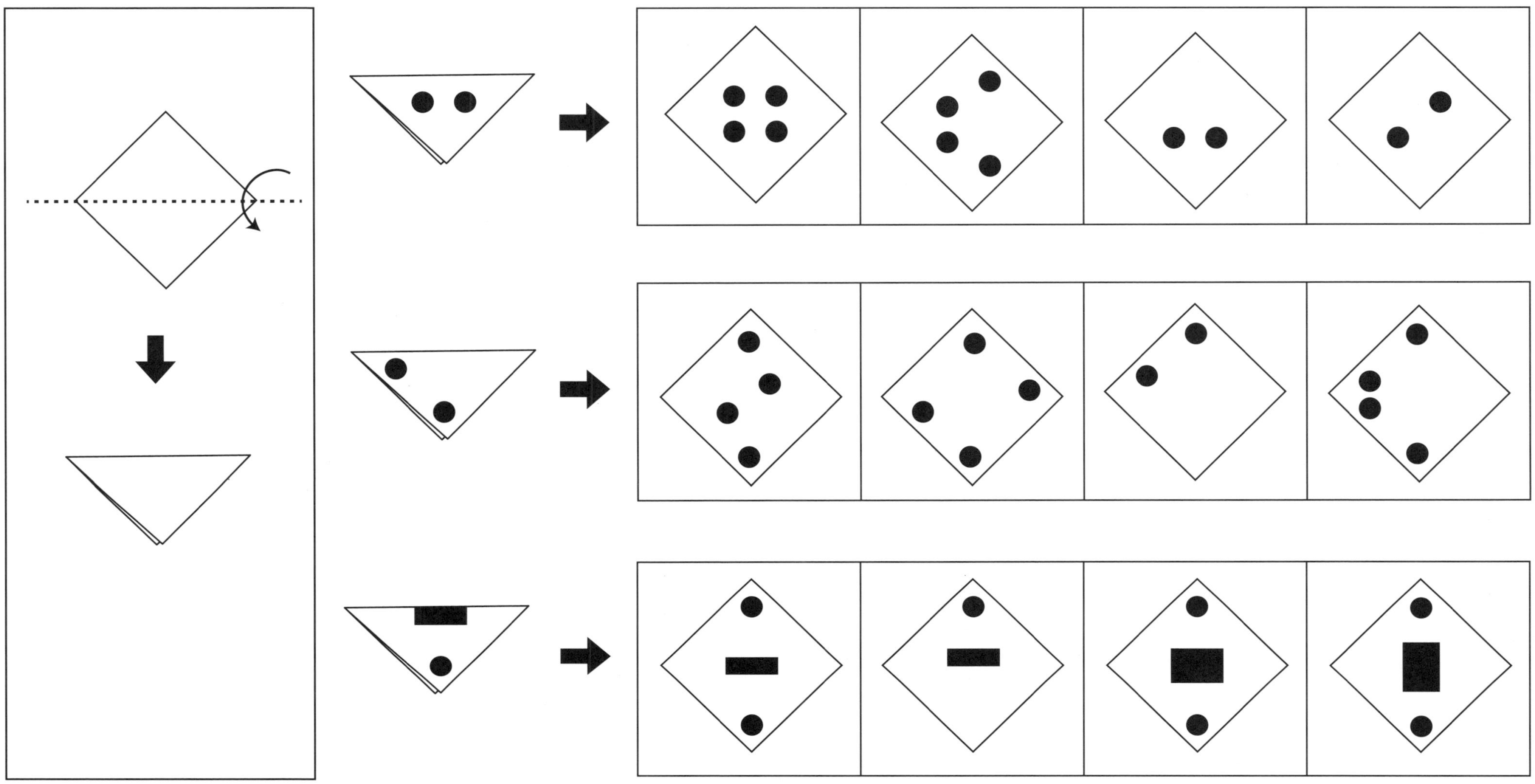

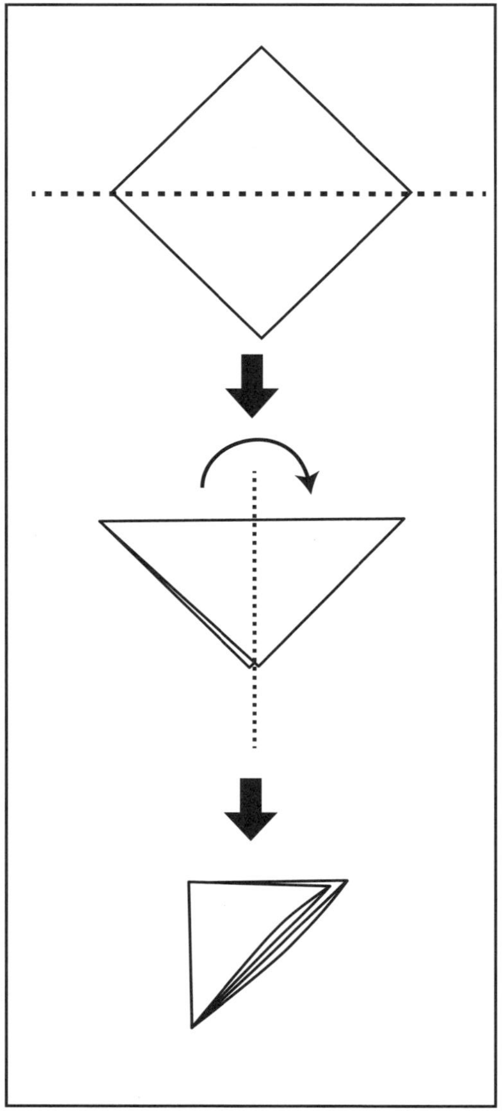

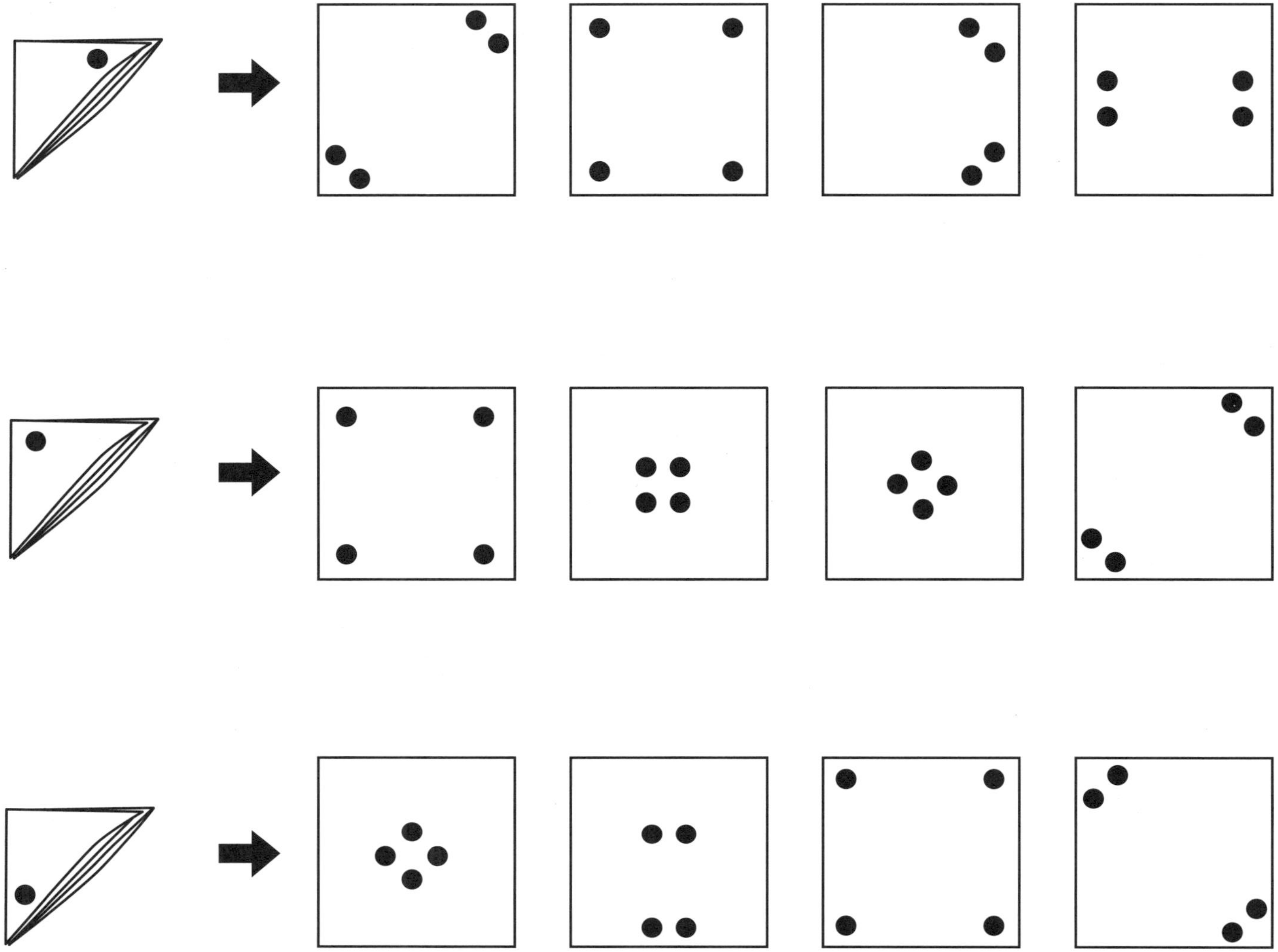

問題 30

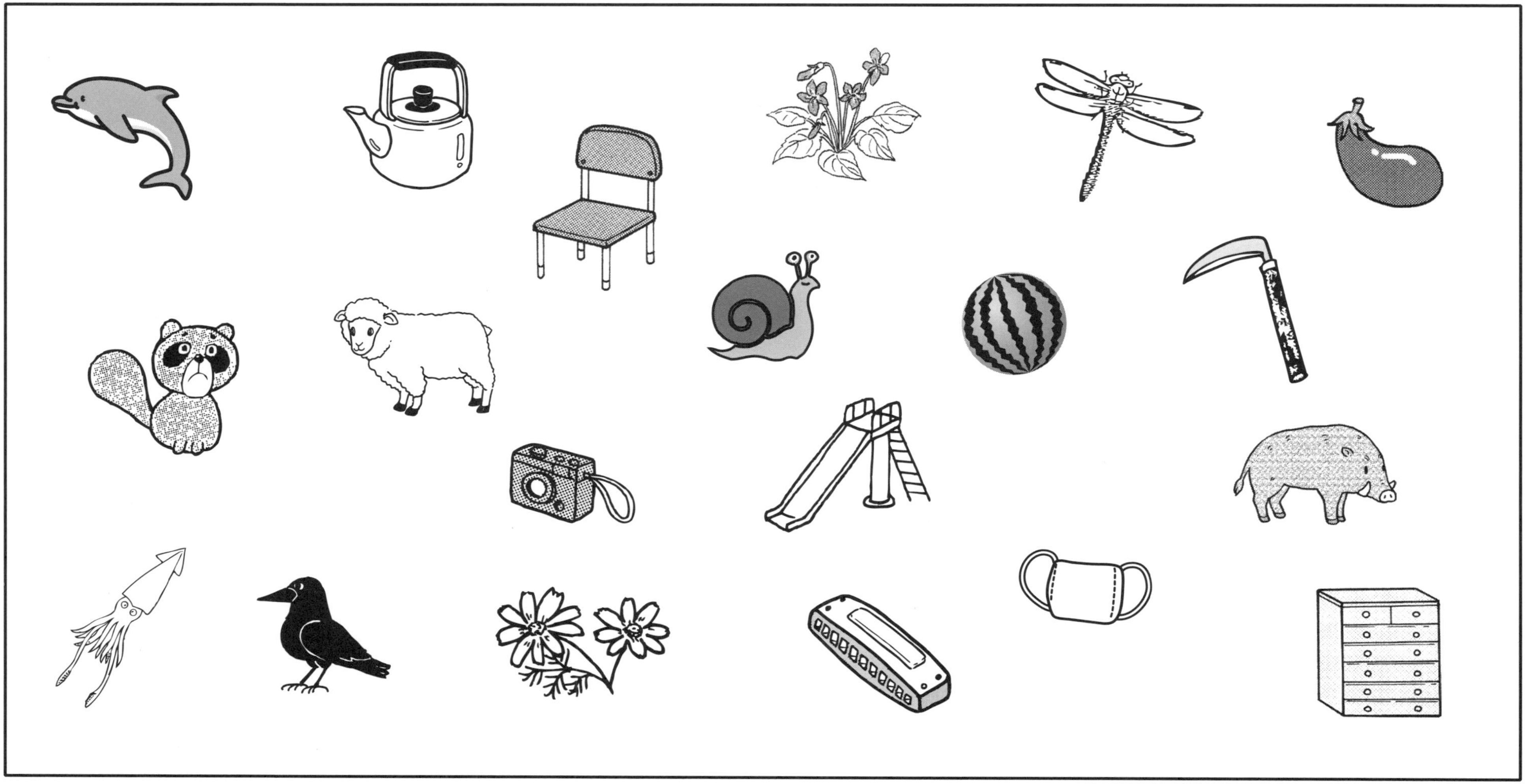

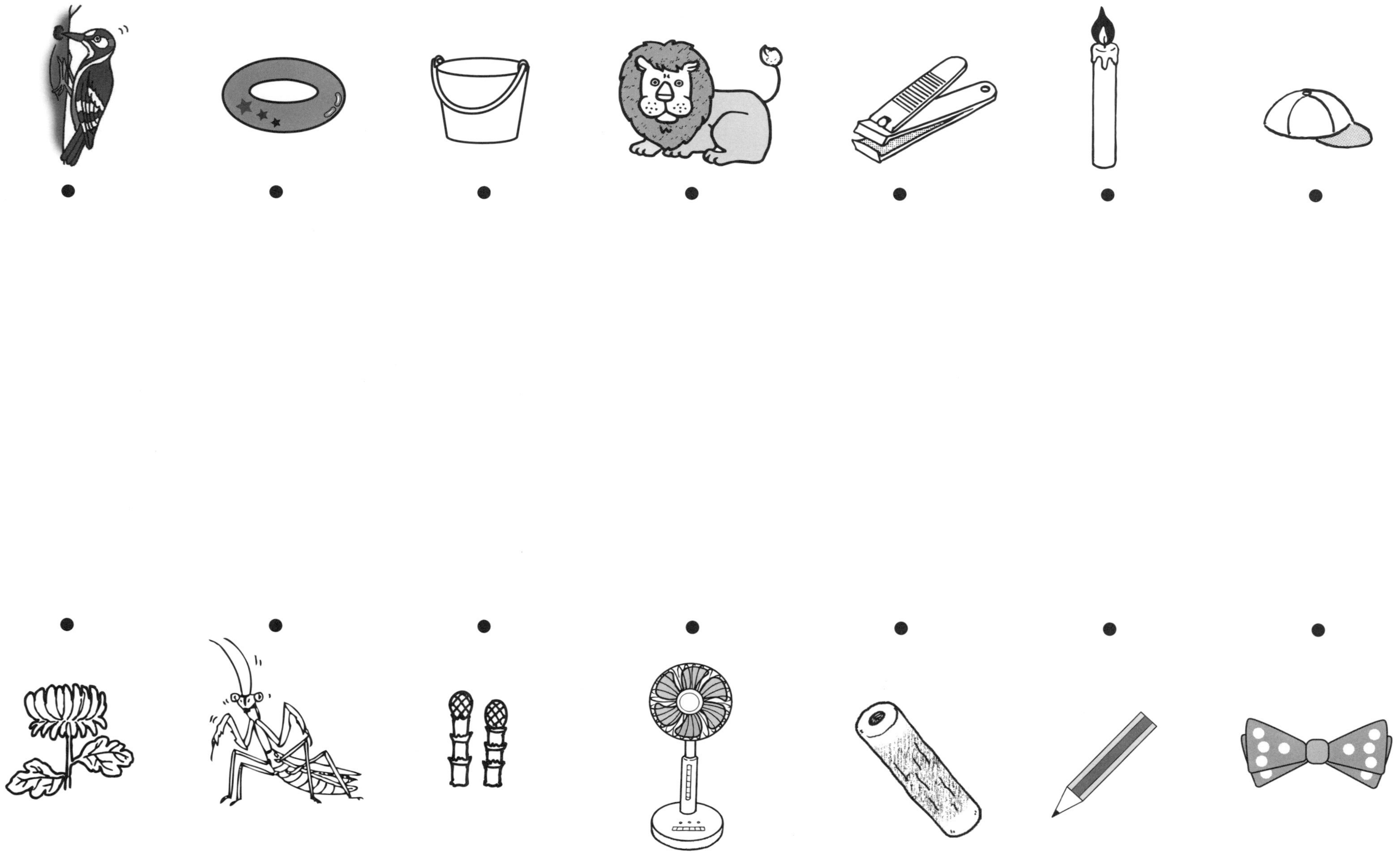

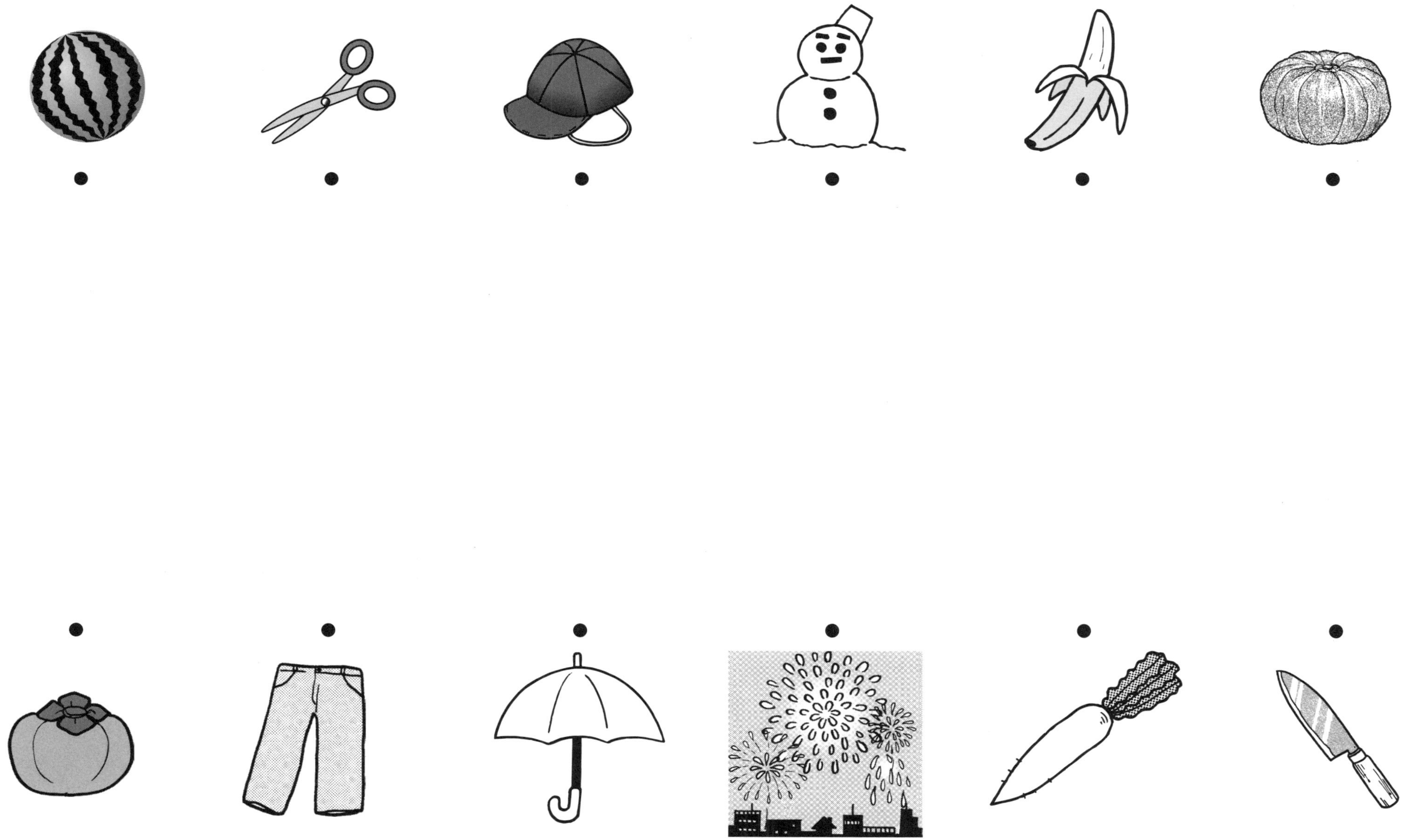

問題 35

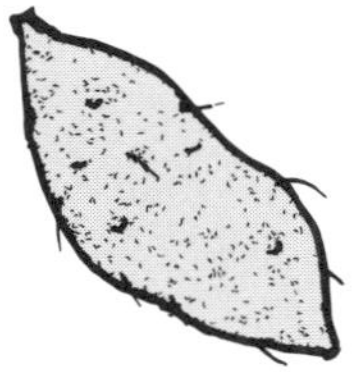
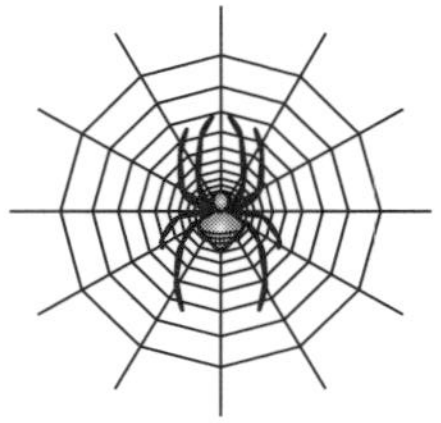

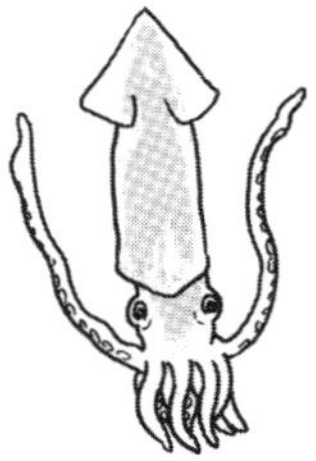

問題 36

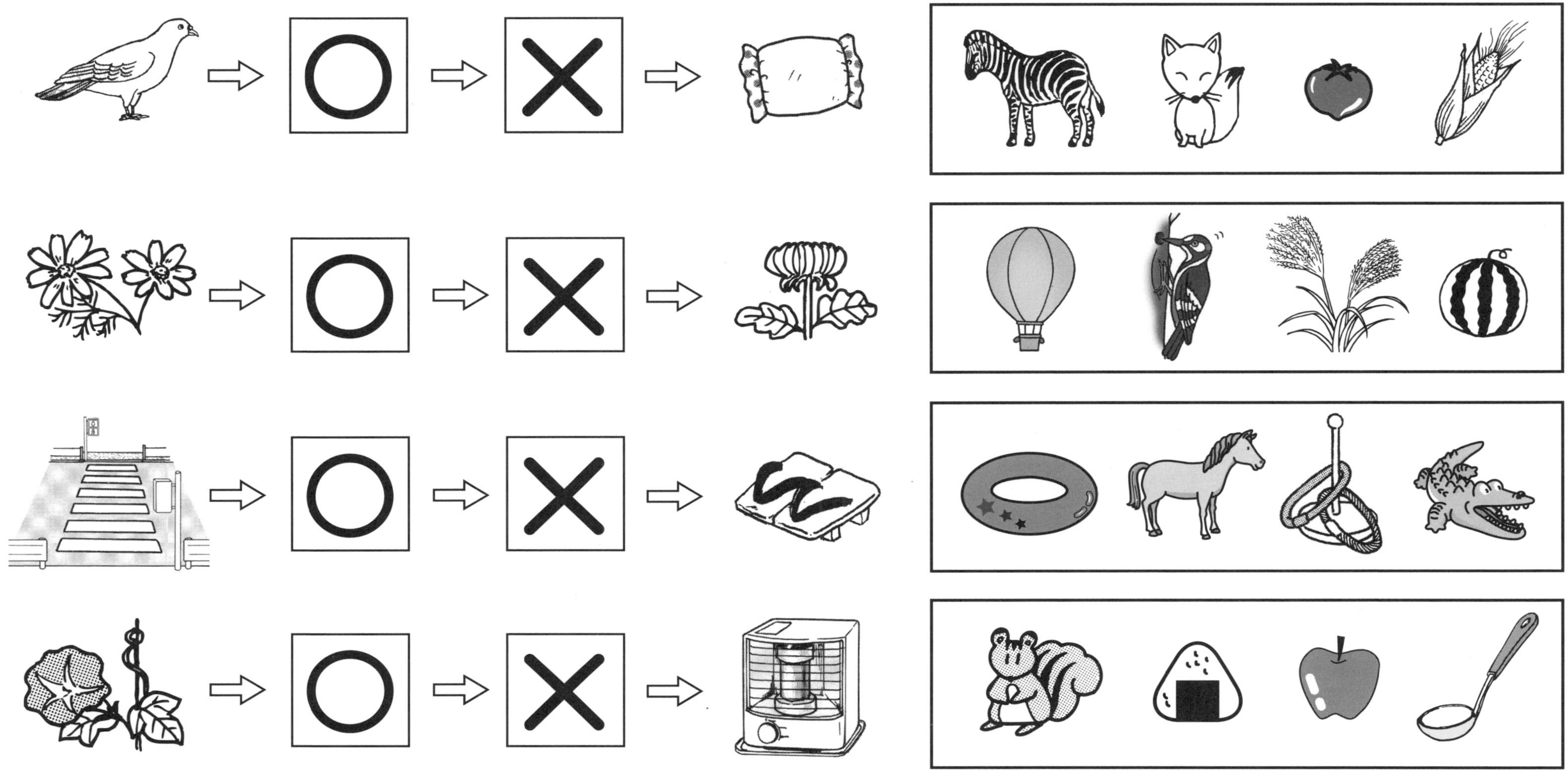

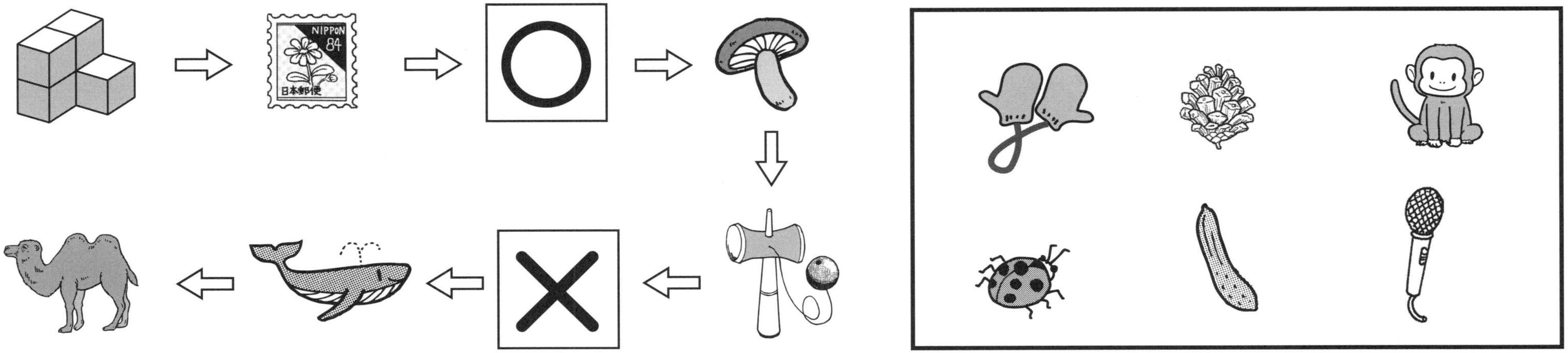
NIPPON
84
日本郵便

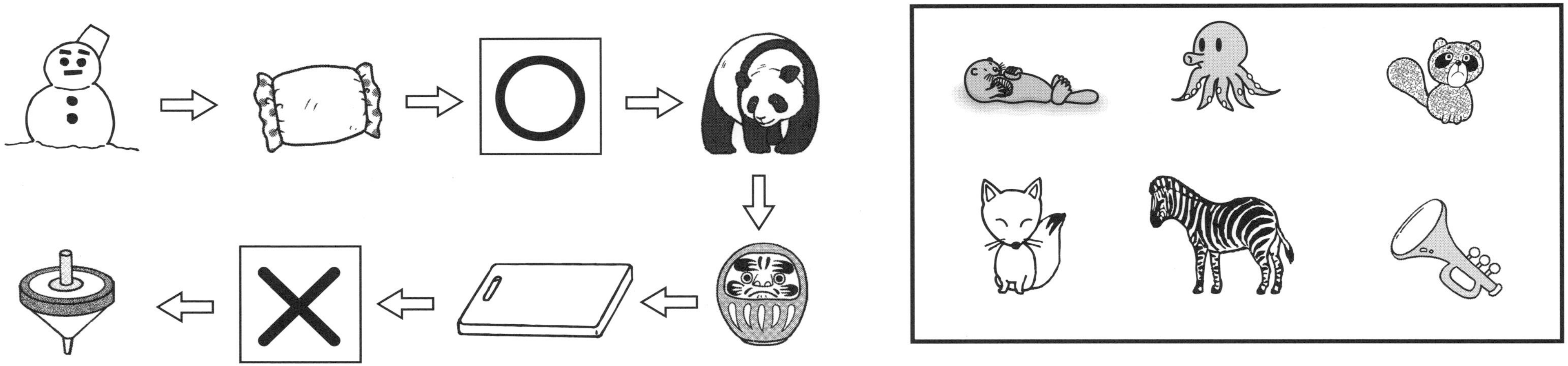

問題41

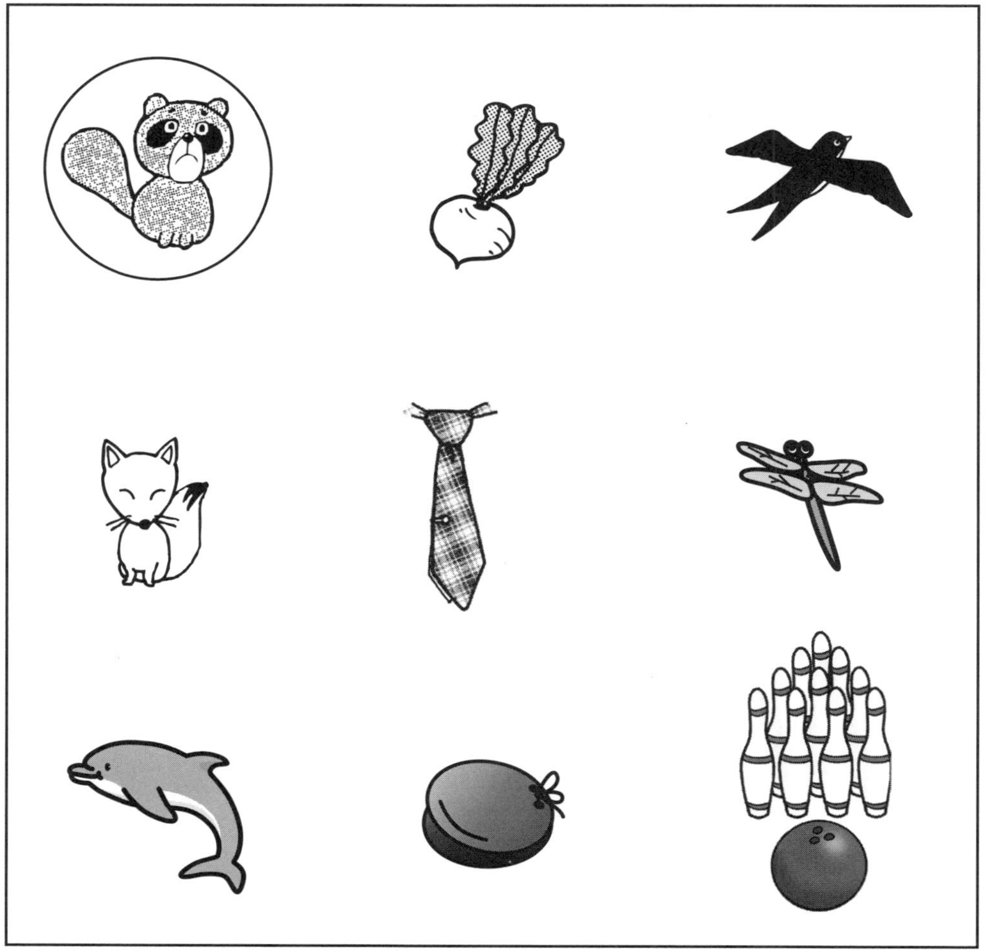

NIPPON
84
日本郵便

問題 43

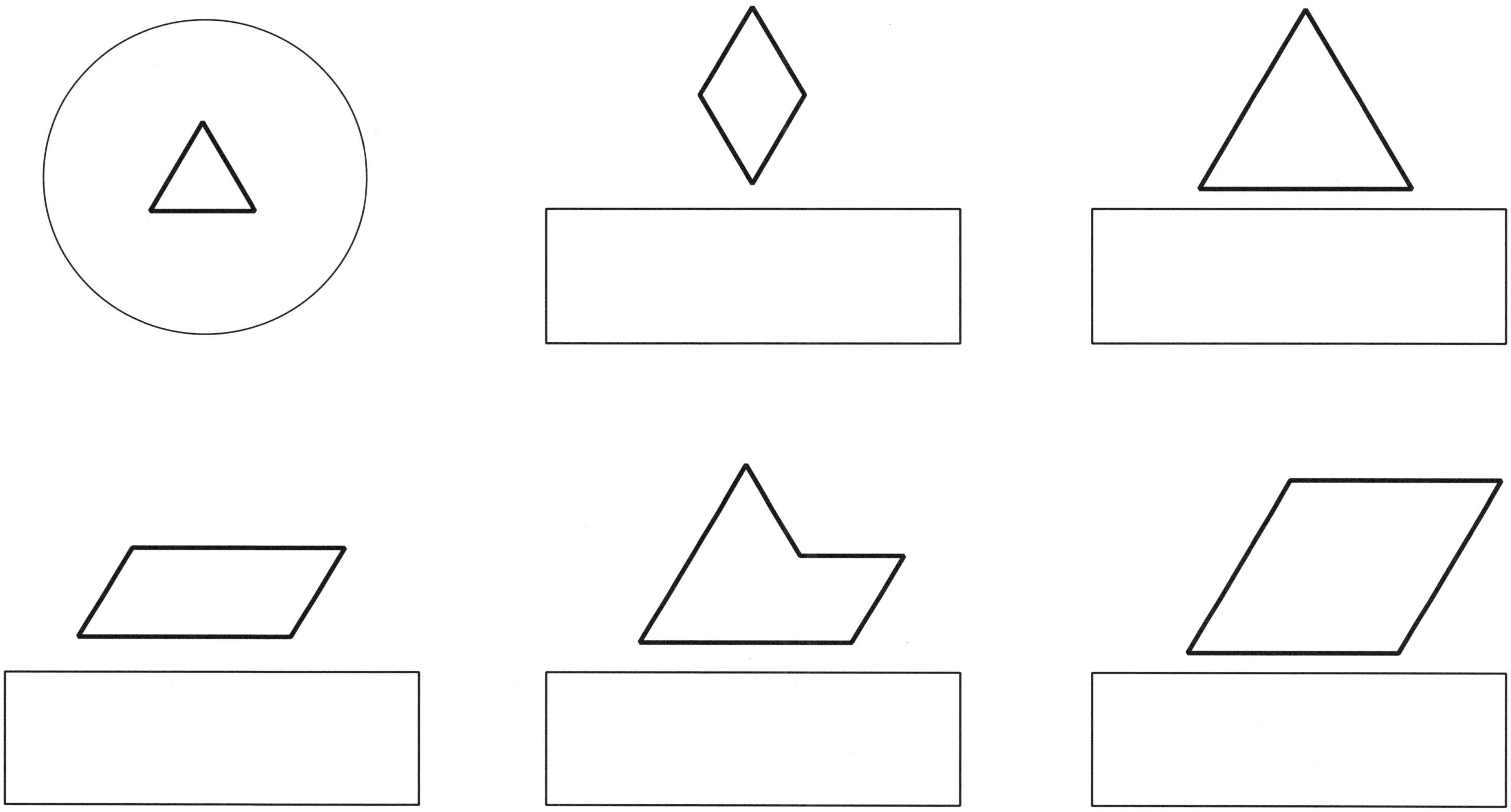

キリトリ線

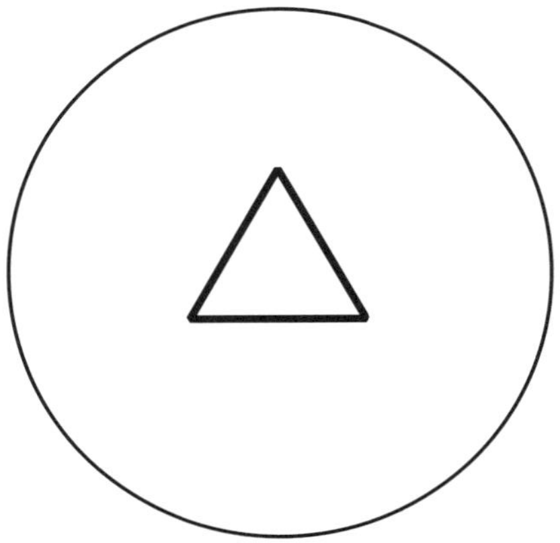

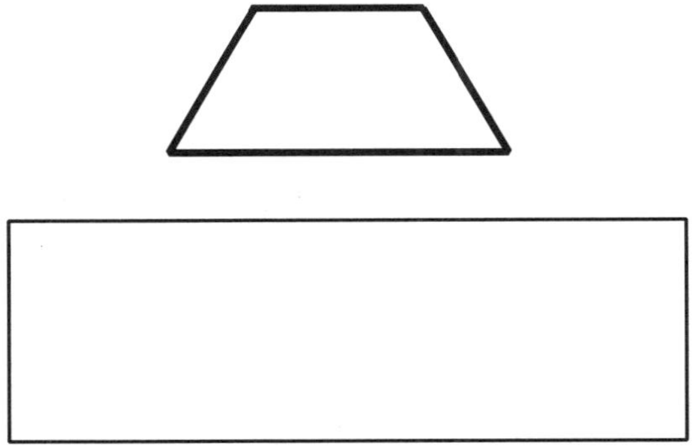

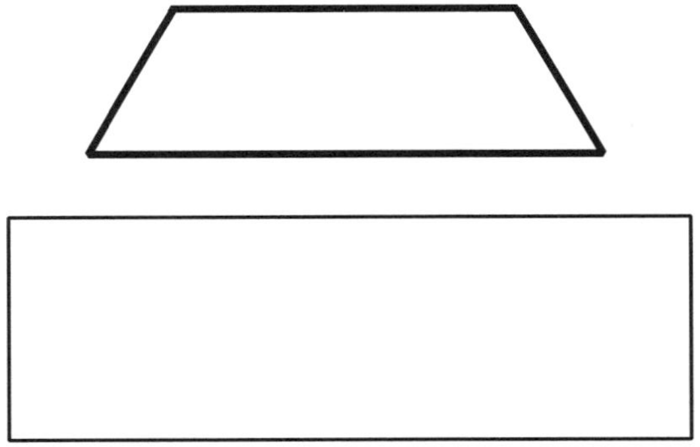

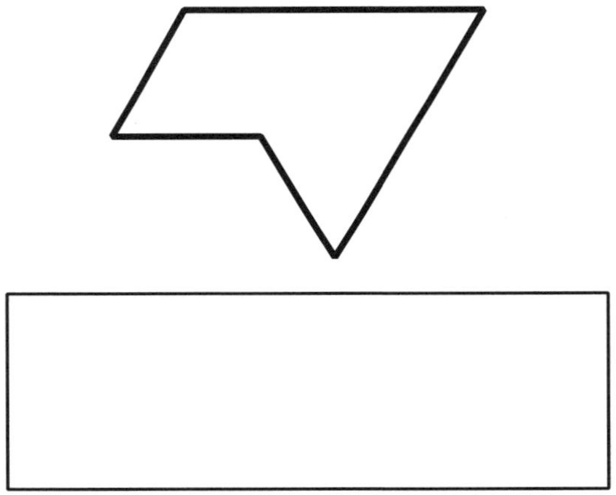

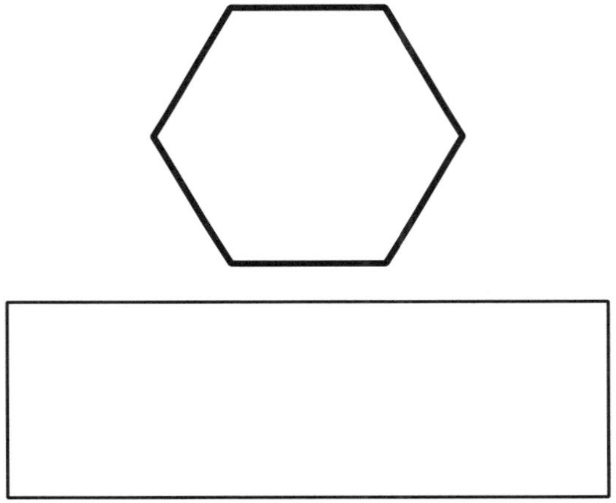

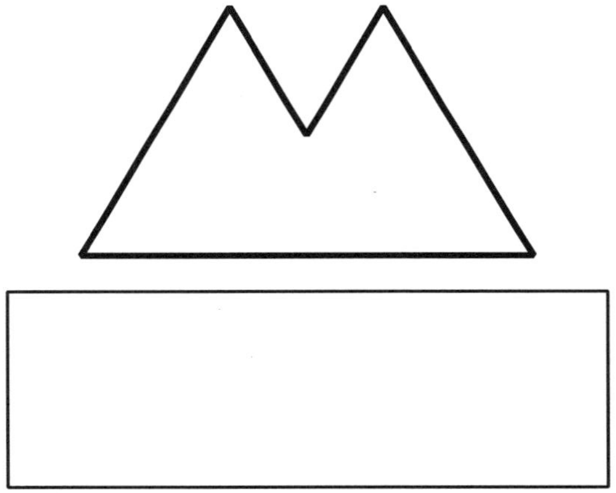

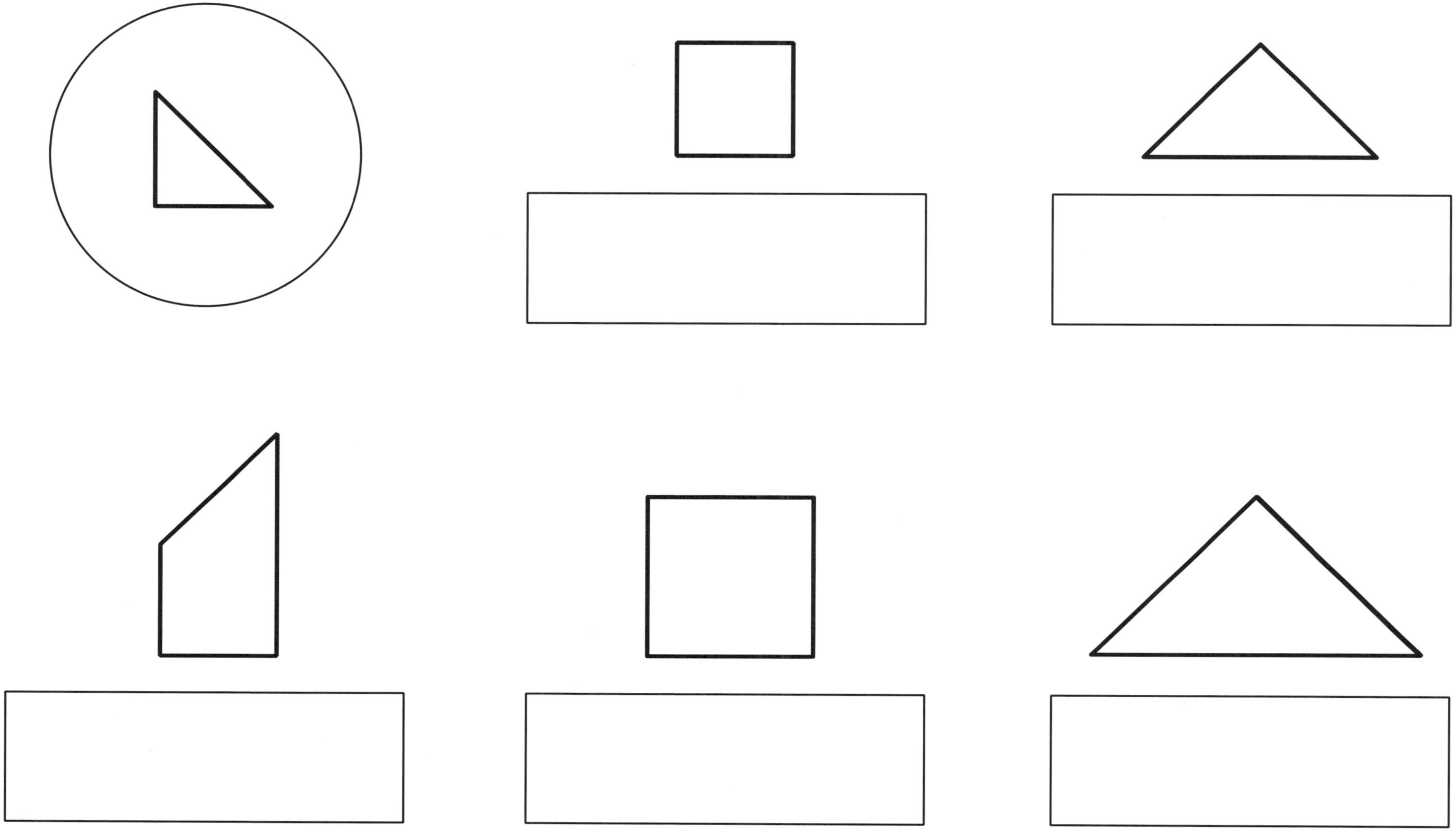

キリトリ線

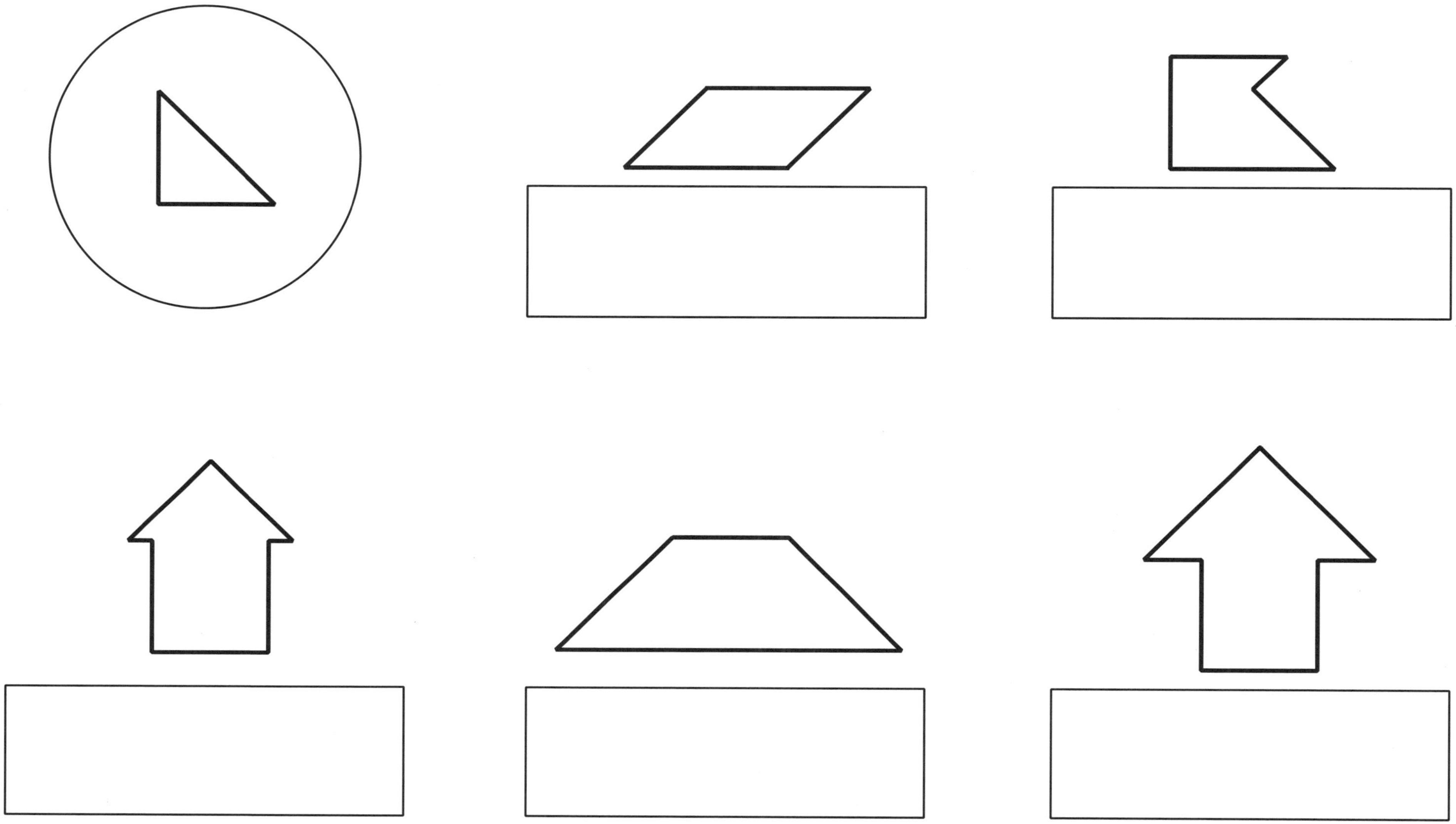

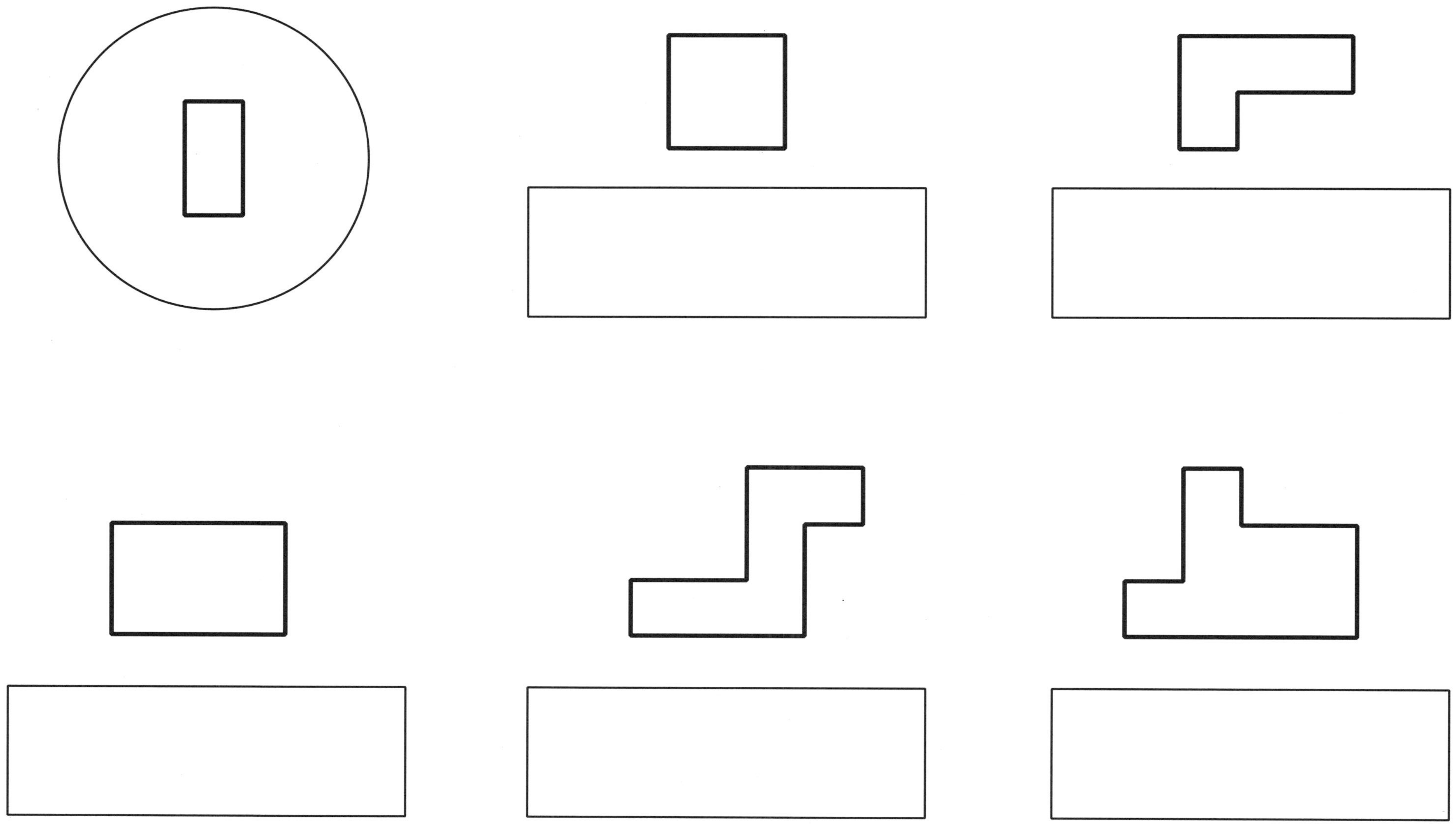

問題 47

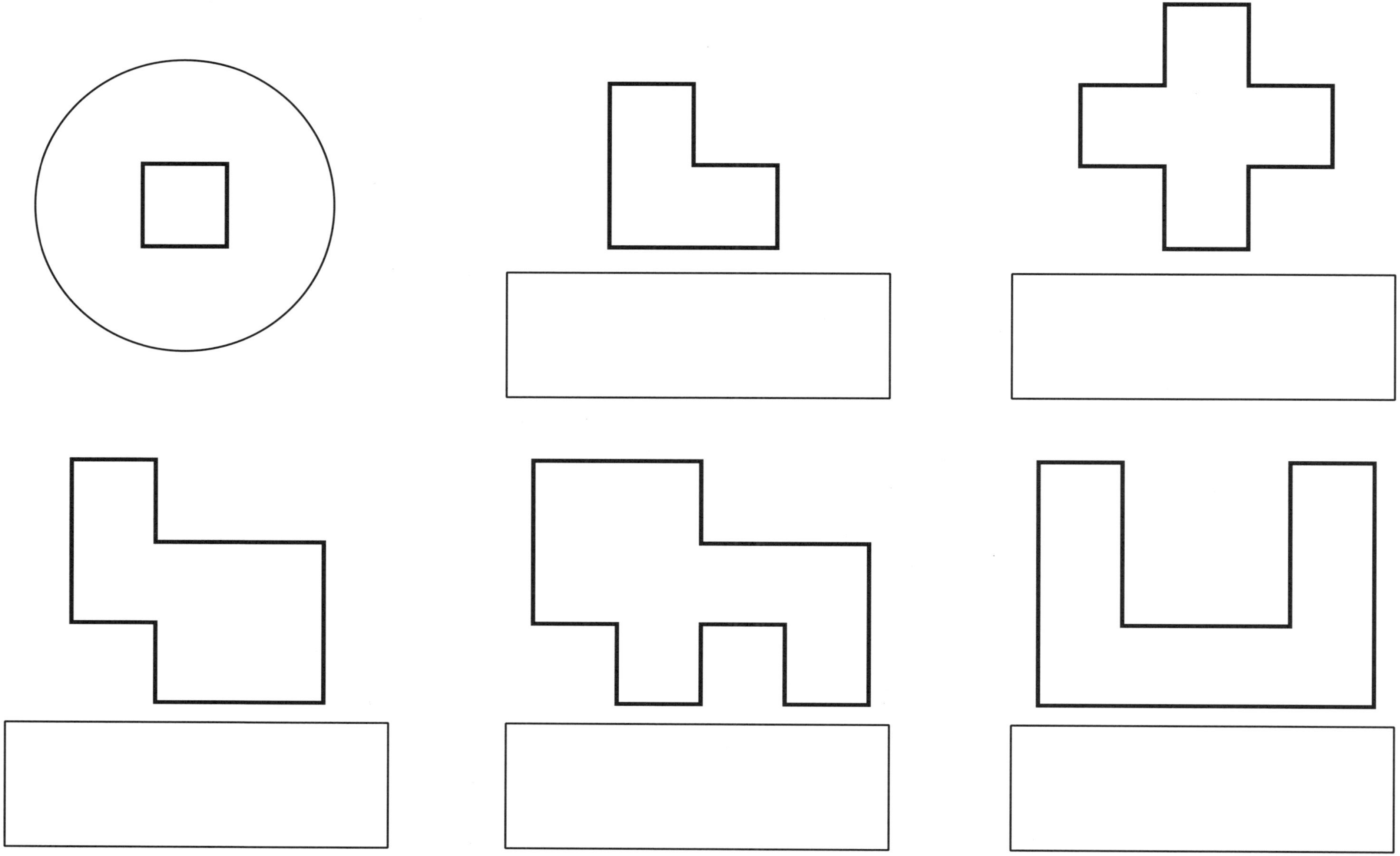

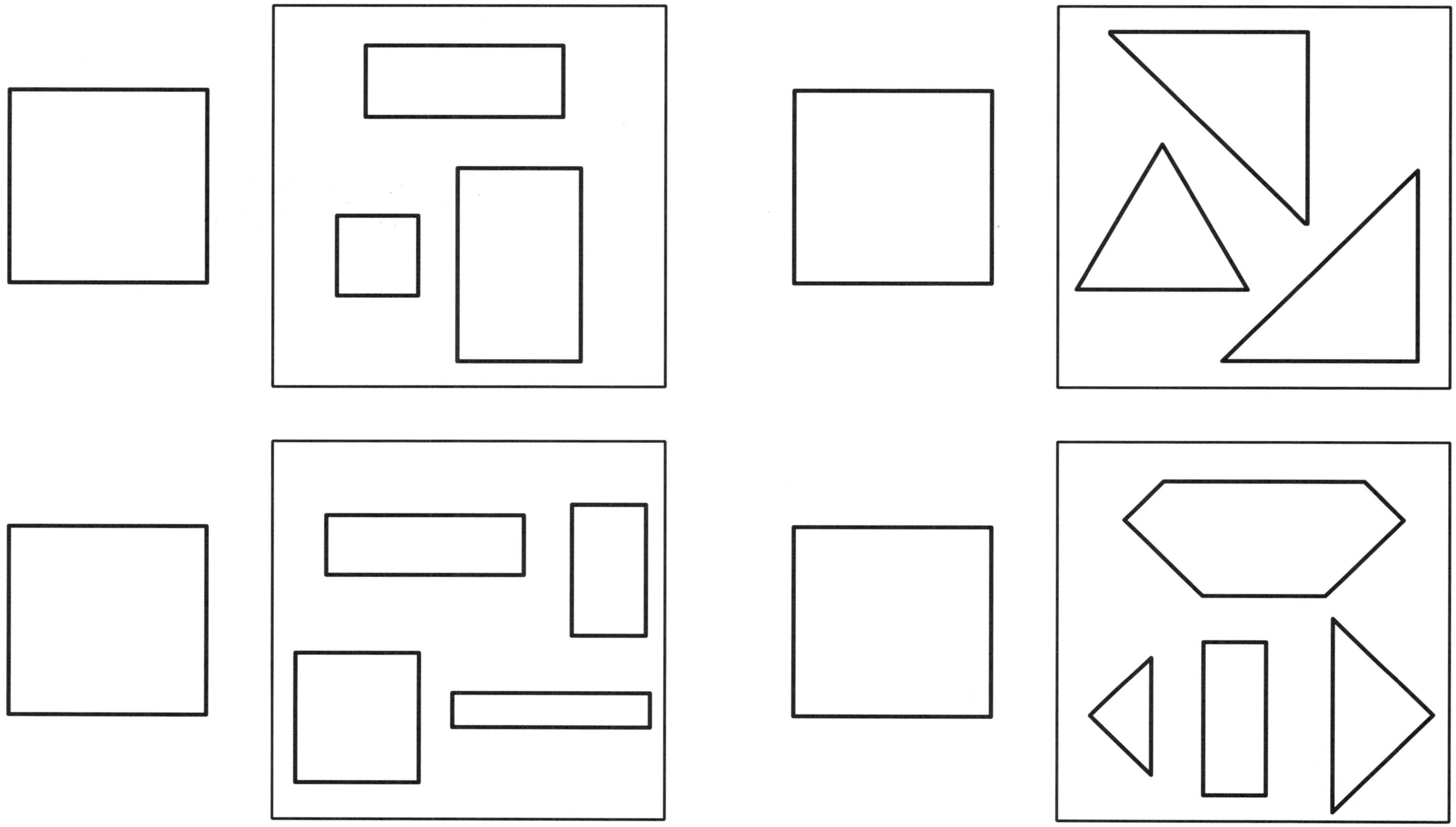

問題 50

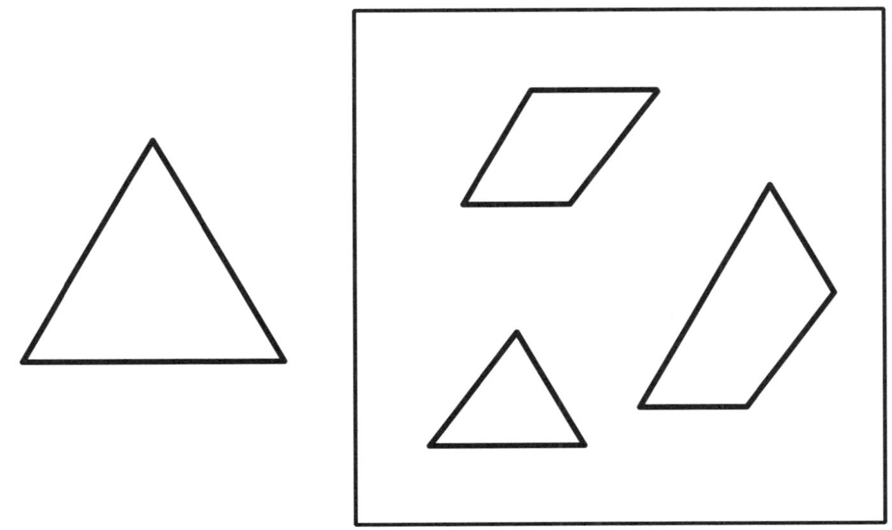

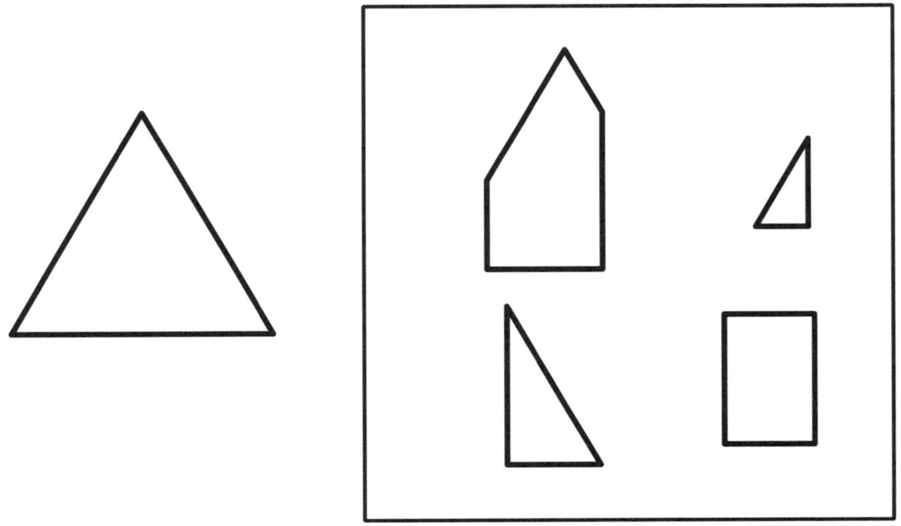

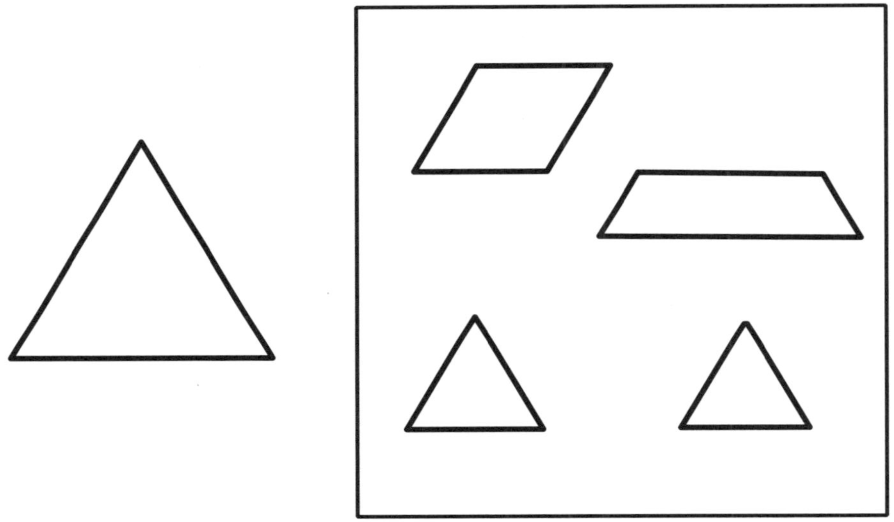

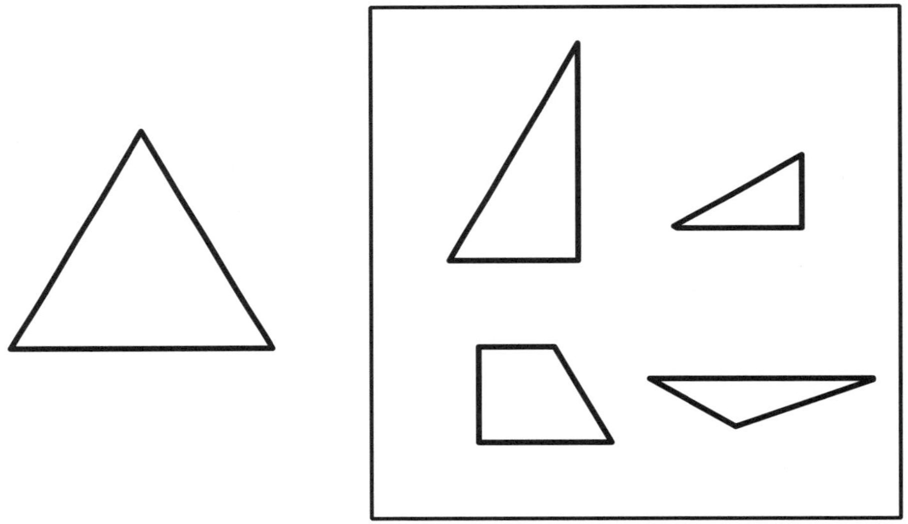

問題 51

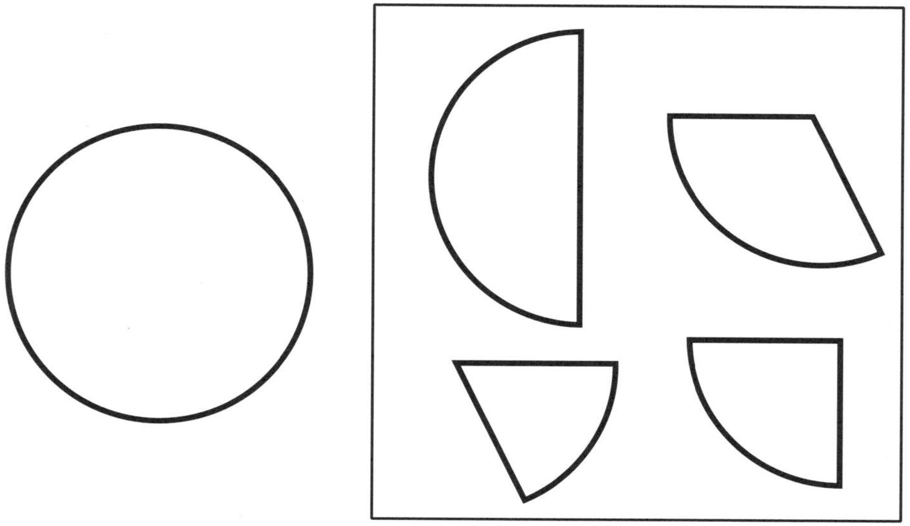

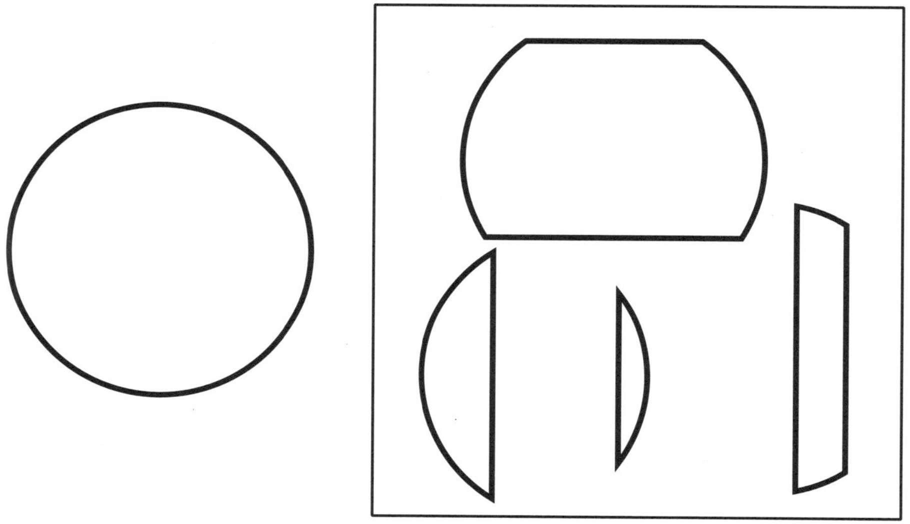

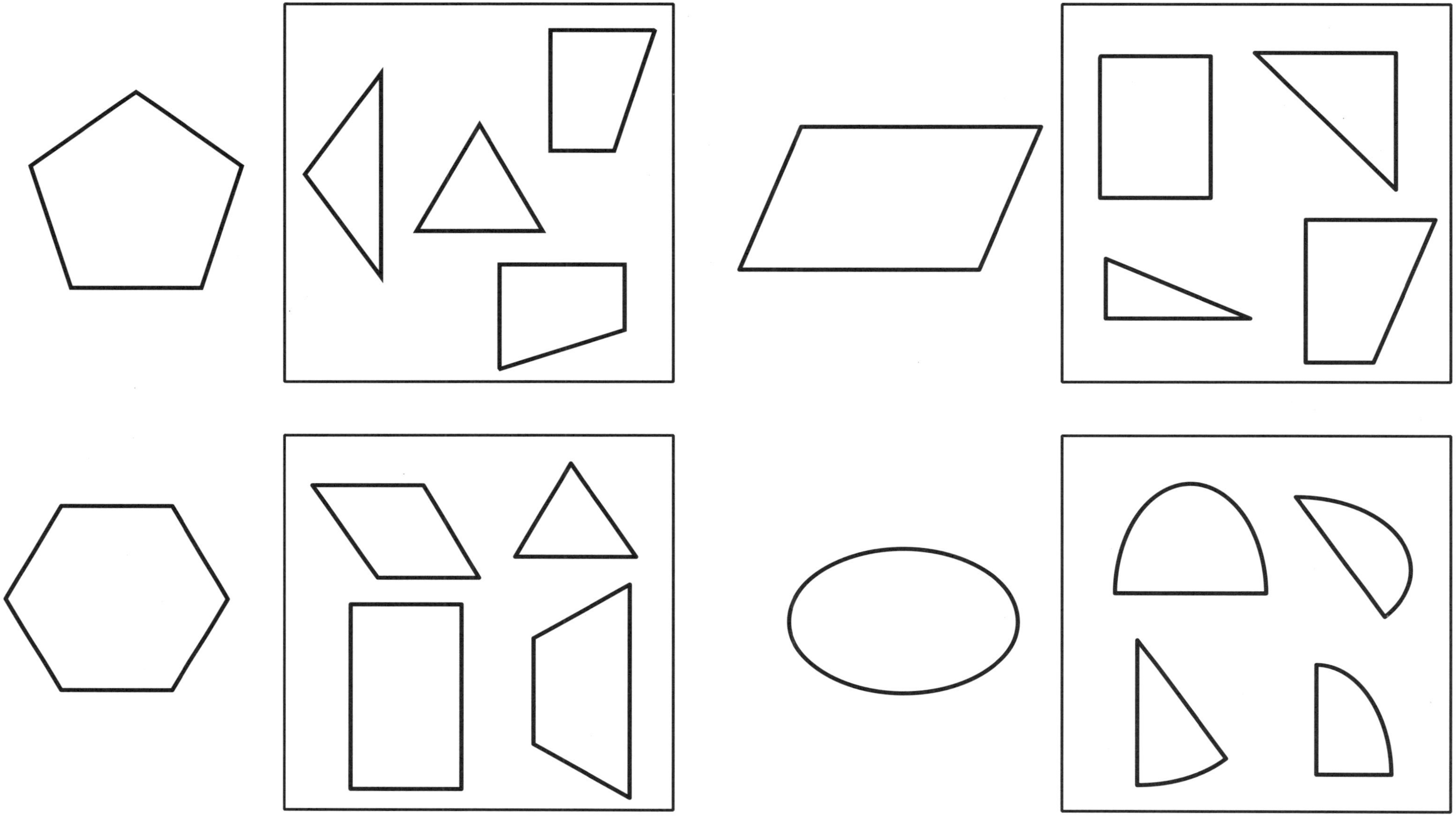

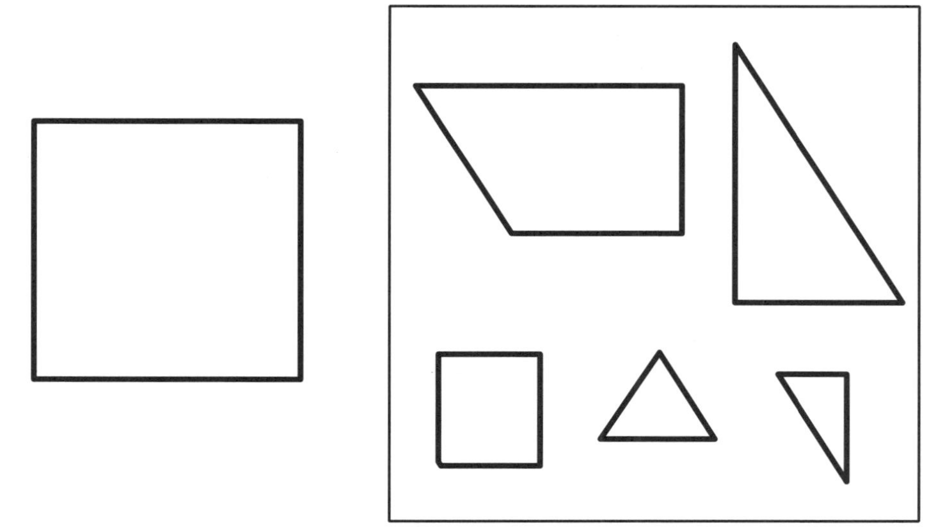

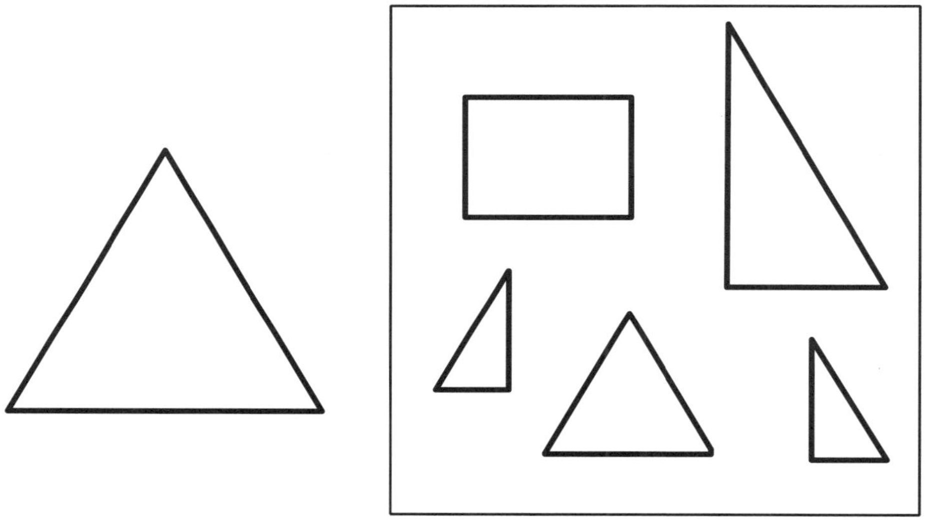

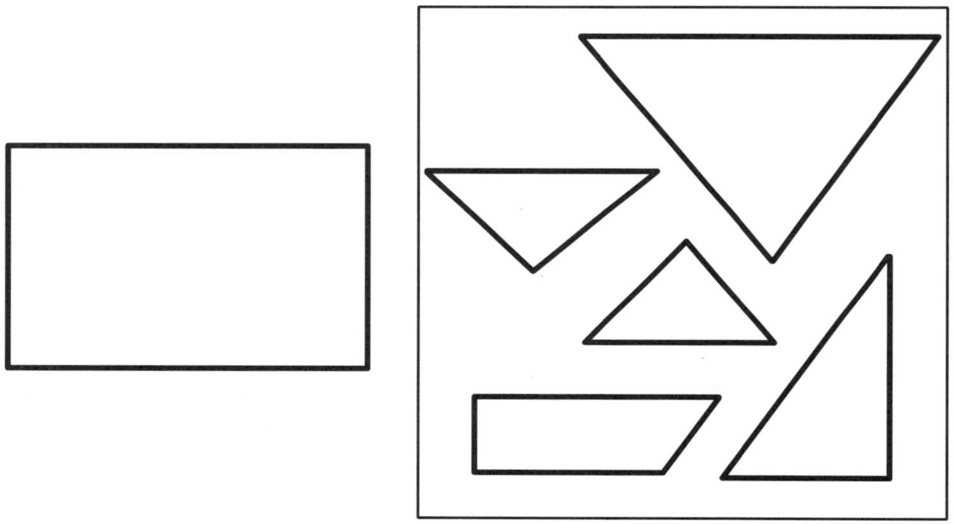

問題 54

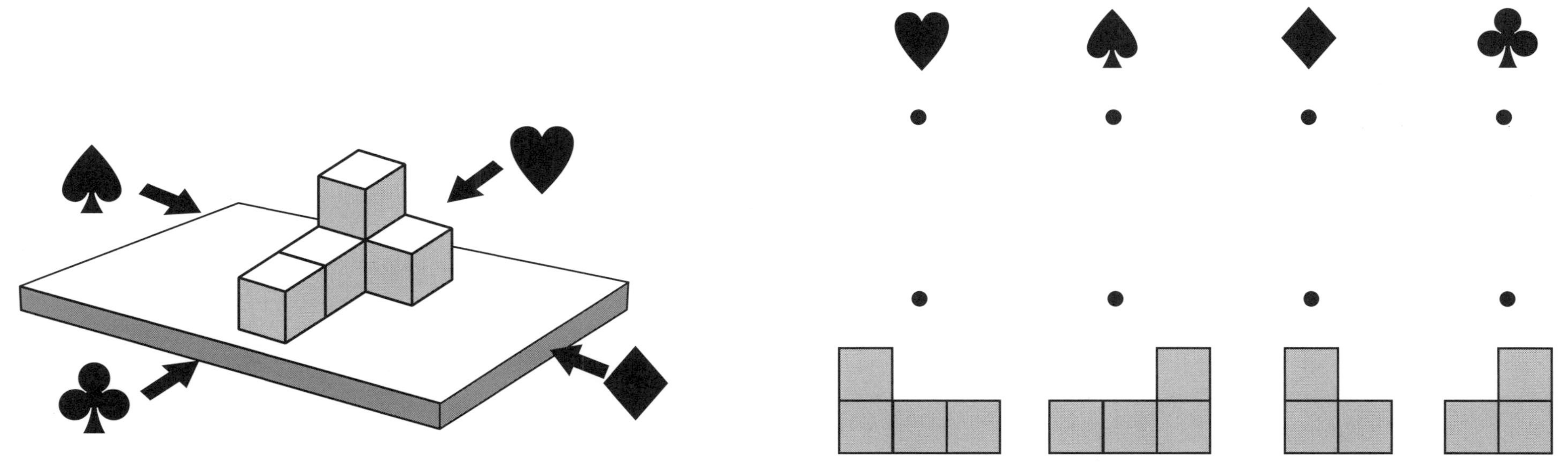

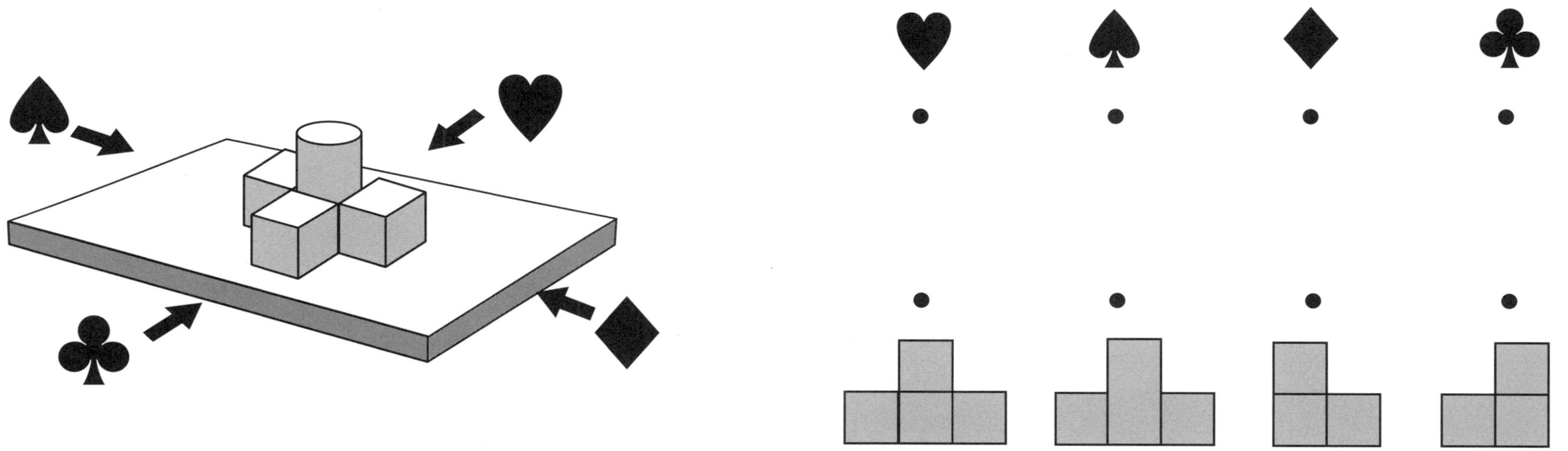

キリトリ線

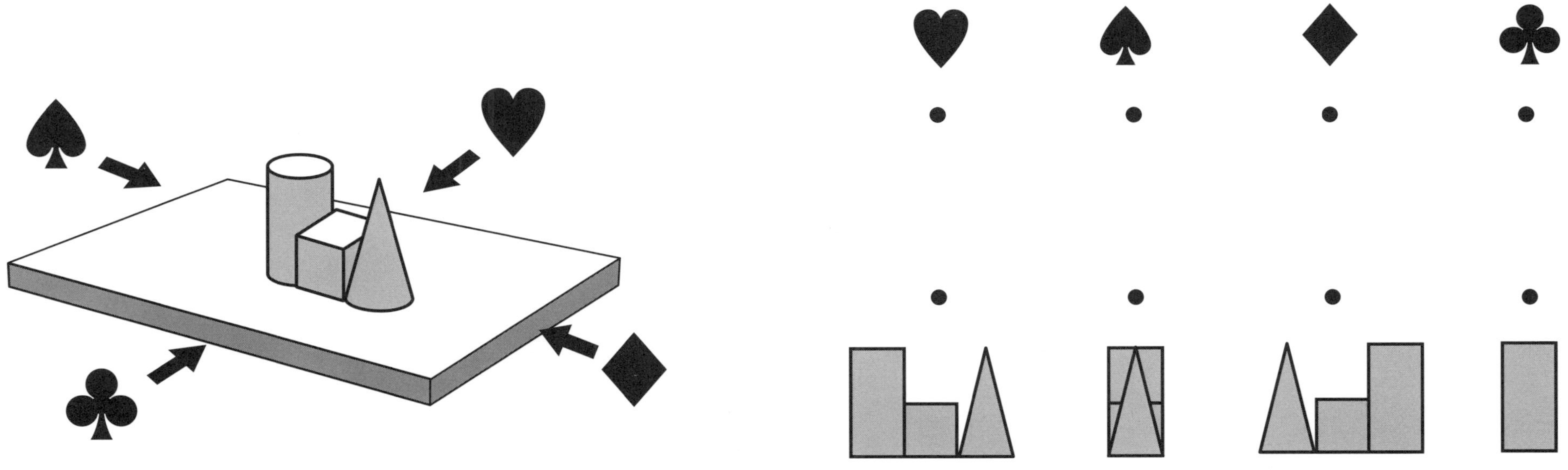

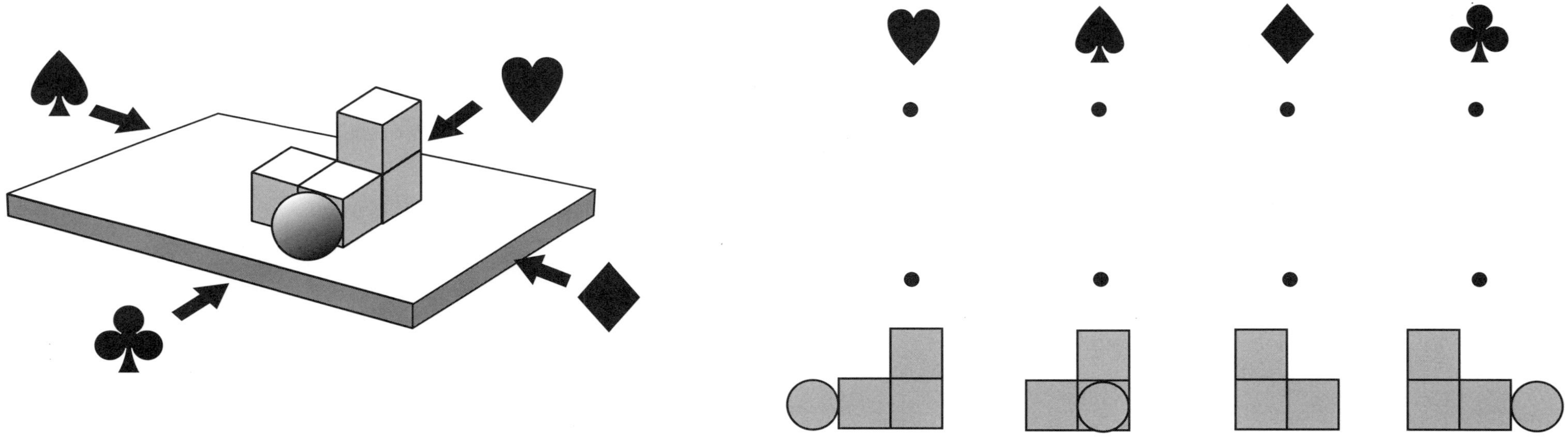

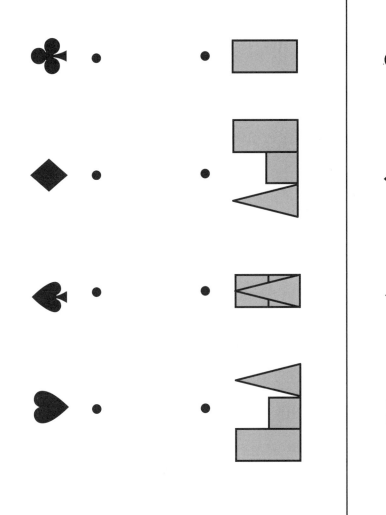

問題 57

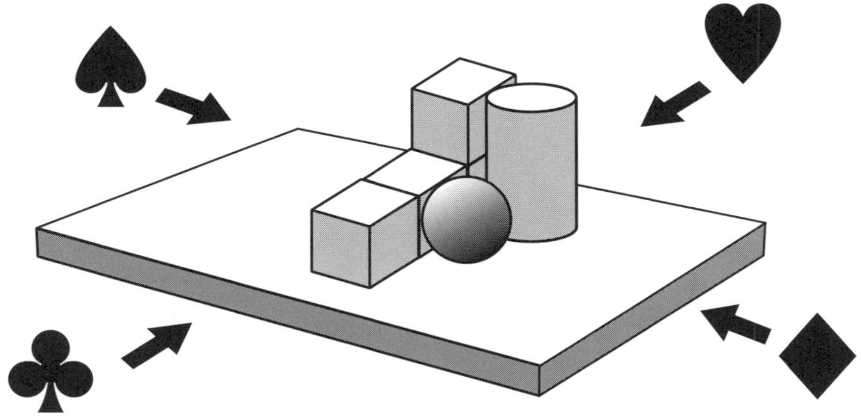

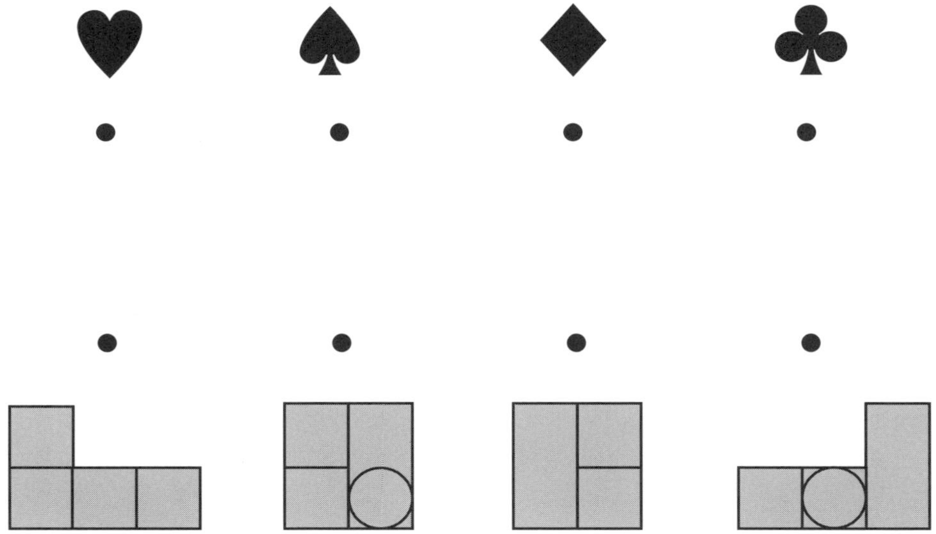

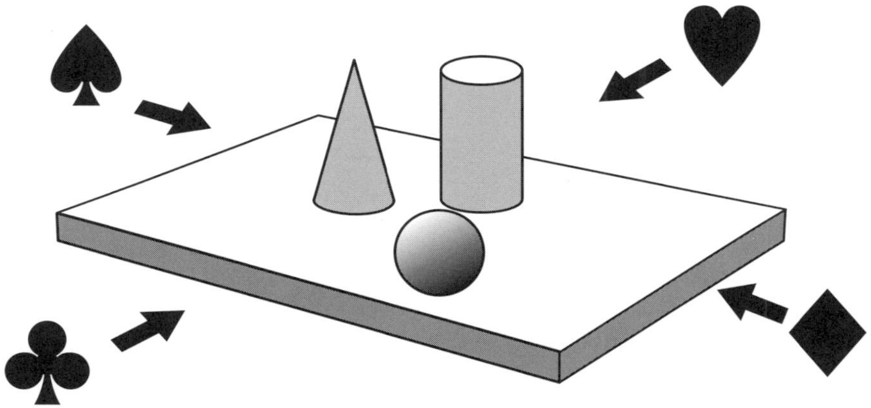

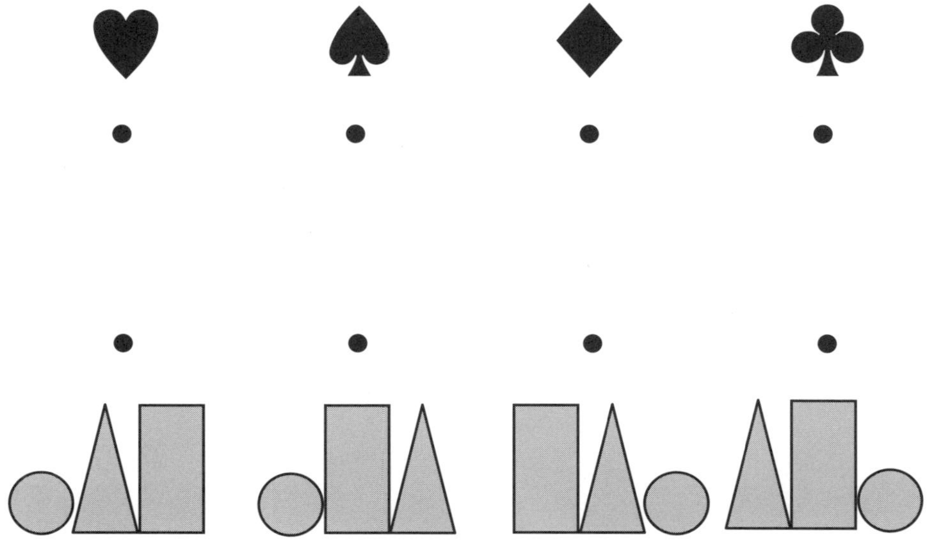

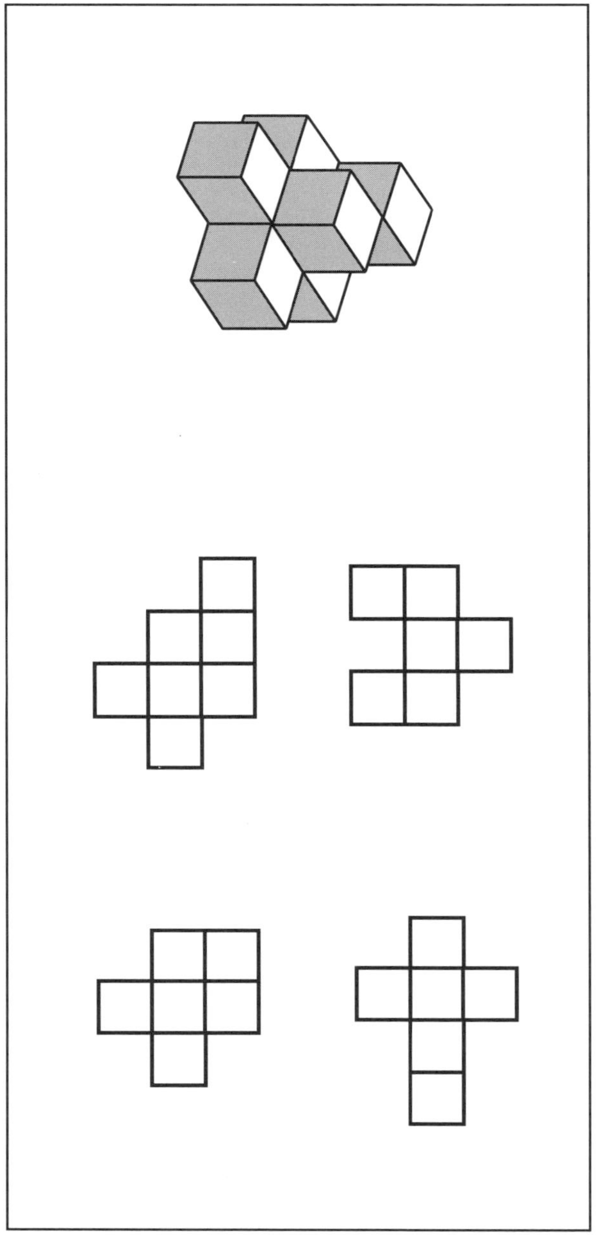

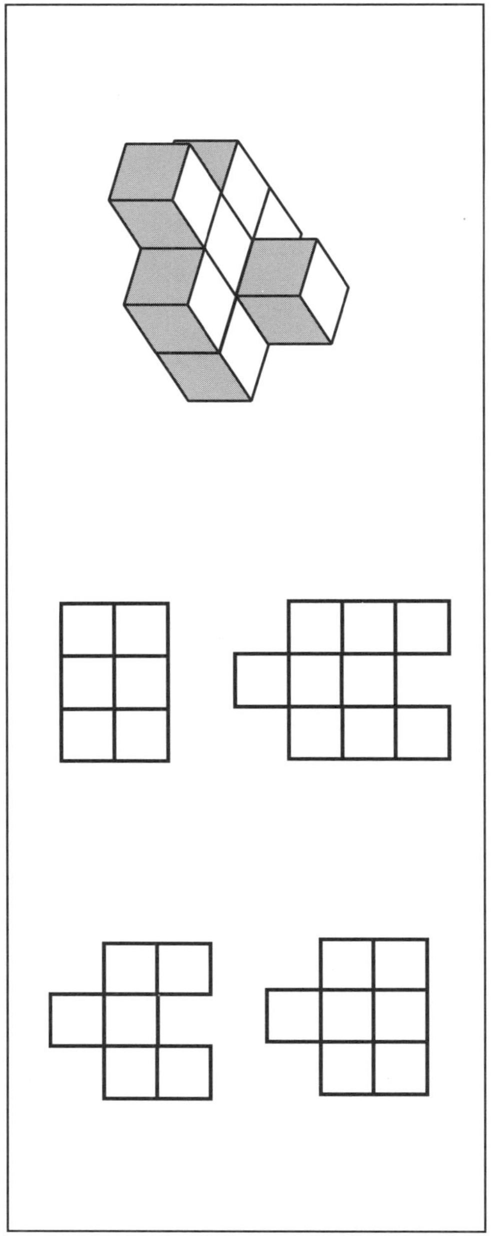

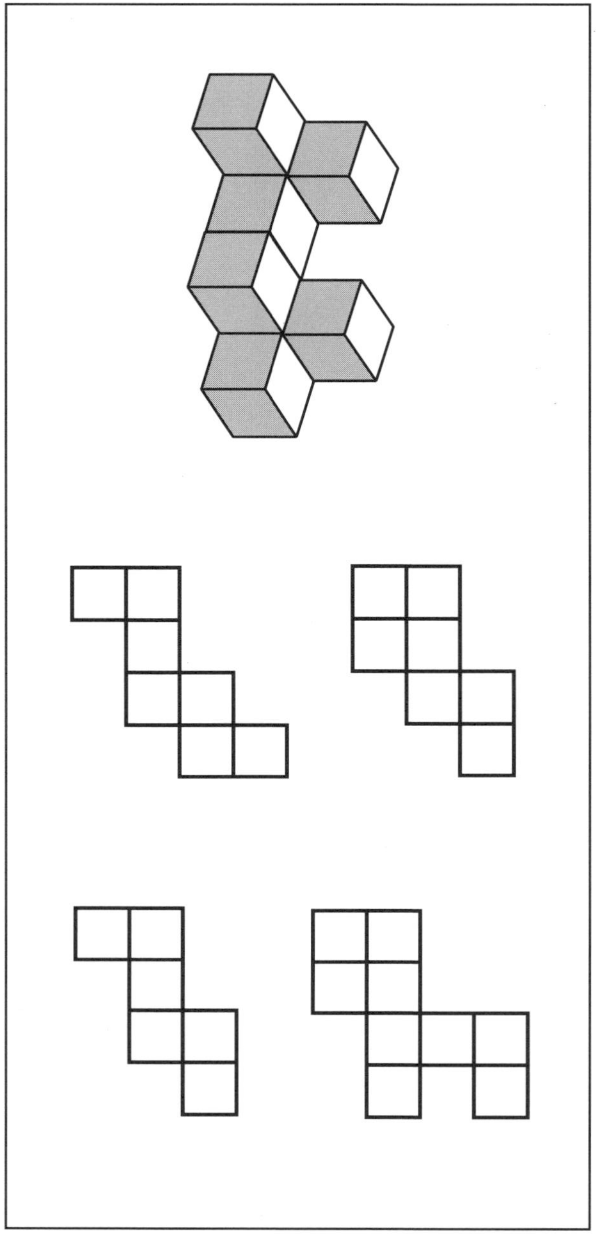

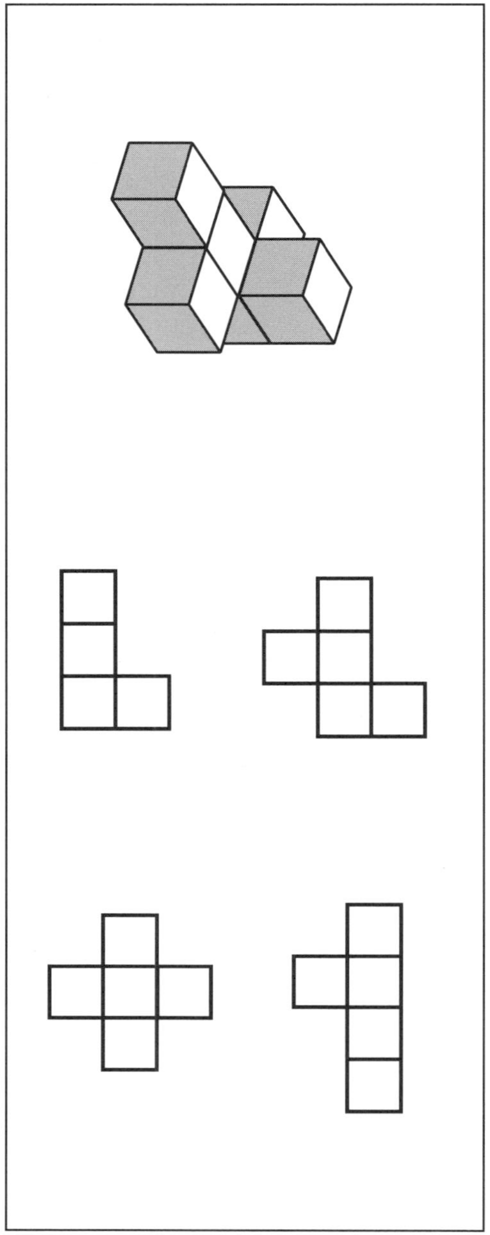

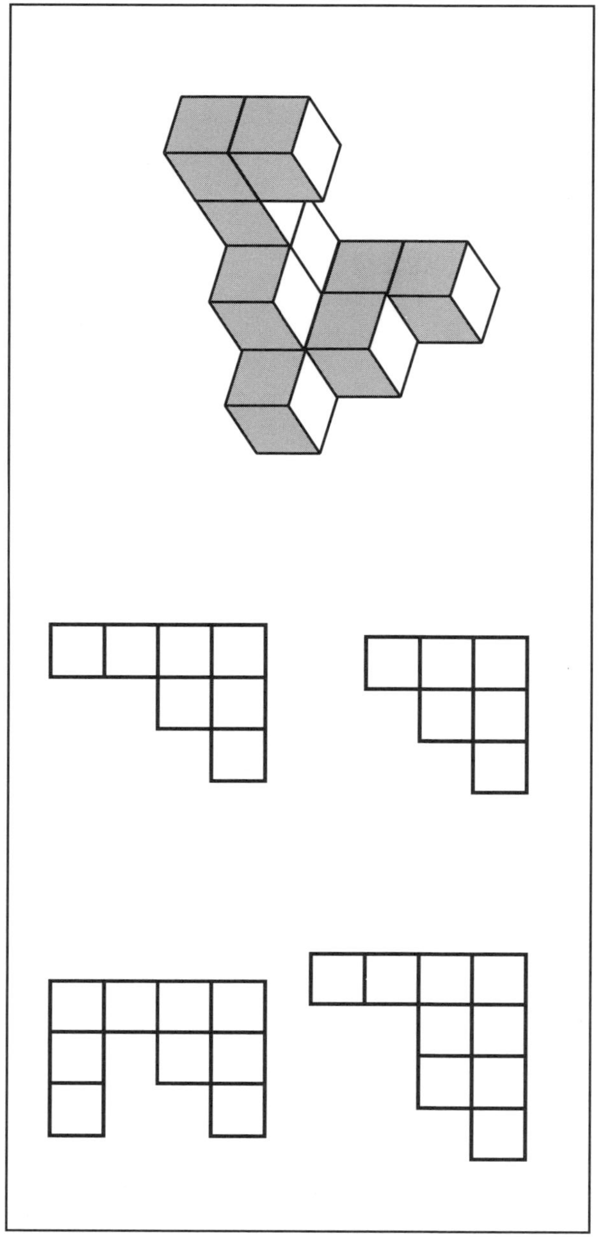

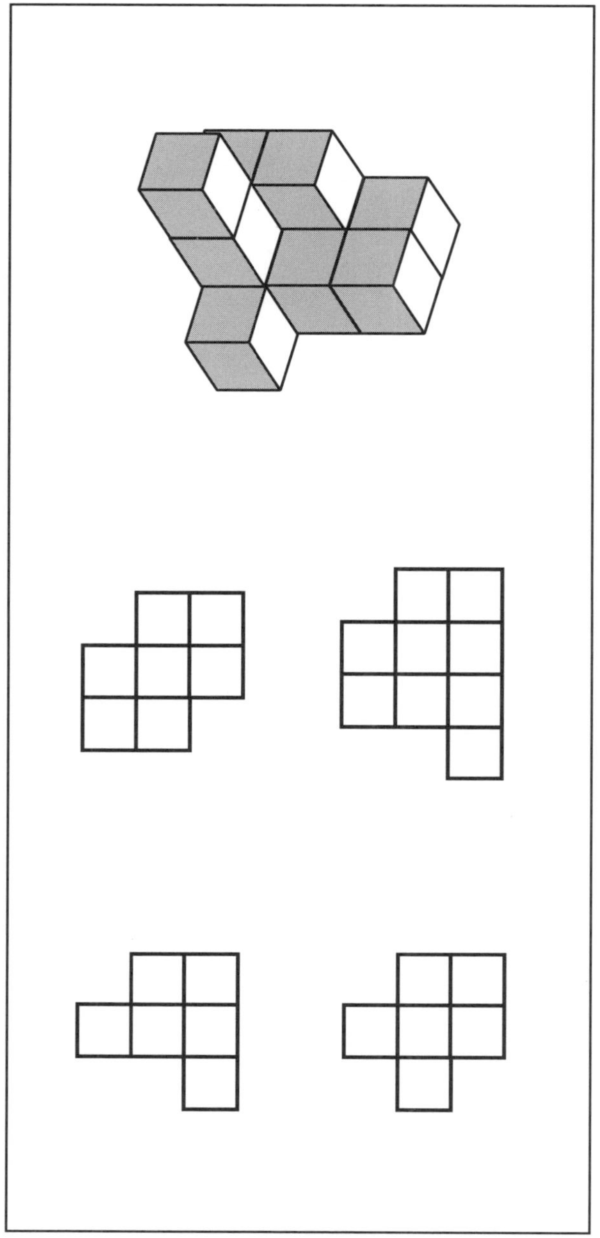

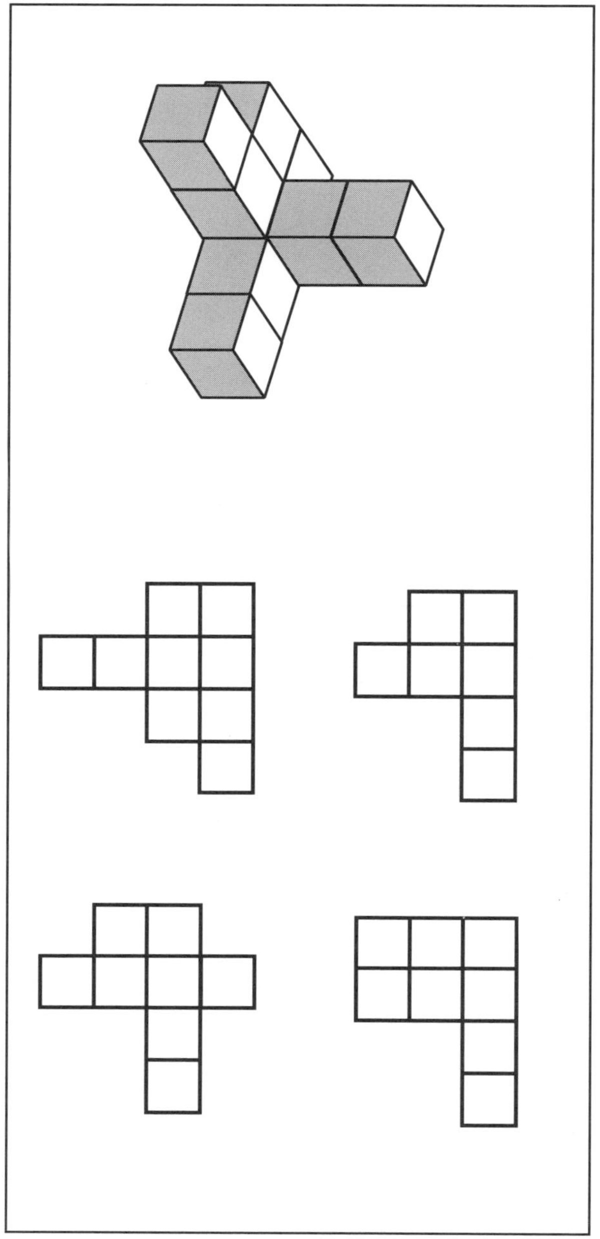